奇趣景观

小博物馆大历史

A UNIQUE
LANDSCAPE

LITTLE MUSEUMS BIG HISTORY

刘珊珊 陈洪澜 著

同济大学出版社
TONGJI UNIVERSITY PRESS
中国 上海

目　录

前　言

公元前 4 世纪，亚力山大大帝远征东方，遥远异域的文明第一次展现在古希腊人面前，让他们眼界大开。亚历山大并不满足于领土的征服，还对广阔世界怀有热切的兴趣，他随军带了许多学者，并把搜集到的书籍和动植物标本运回雅典，供他的老师亚里士多德进行整理和研究。

亚力山大去世后，他的继承人托勒密在埃及的亚力山大城建立了一处学术机构，古希腊文称作“mouseion”，意为“缪斯的圣殿”，是哲思和冥想之所。英文的博物馆一词“museum”即由此而来。

在古希腊神话里，缪斯是主神宙斯和记忆女神谟涅摩叙涅所生的九个女儿。她们给予诗人、艺术家灵感，是主司文学、艺术与科学的女神，被视为知识的象征。作为缪斯圣殿的博物馆，自然便是保存知识之地。与今天不同，亚历山大城的博物馆并不收藏艺术品，它聚集了古希腊最杰出的学者，收藏那些最有价值的书籍。虽然称作博物馆，其实更像一所大学，附带有图书馆、档案馆、教室和剧场等多种功能。

今天的大学和图书馆也是保存知识的场所，与之相比，博物馆具有不可替代的特殊性。没有什么能够比直接走进博物馆，与伟大的作品直面相对更能给予人灵感了。大学和图书馆传授的是已被创造和总结出来的知识，而在博物馆中，则能触摸到产生这些知识的灵感来源。

寻访与收藏珍奇之物，几乎是人类的一种本能。看到珍奇之物后，人们又希望了解孕育这些珍品的社会和文化，理解它们的意义和价值。无论古今中外，人们都建造过许多“秘藏室”“珍宝库”或“藏宝阁”，亲自或聘请学者，对藏品分门别类，鉴赏甄别。在近代博物馆诞生之前，博物馆是身份的象征，只有王室、教堂、寺院与富贵人家才有能力拥有规模化的珍宝收藏，普通人无缘欣赏。

不过，既然知识具有普世意义，汇集知识的博物馆迟早会回到大众手中。从 18 世纪开始，博物馆逐渐向公众开放，人们终于可以自由步入“缪斯的圣殿”，直接汲取知识，获得灵感，享受艺术。在博物馆里，从远古时代的文物，到近现代的绘画、雕塑、工艺品乃至日用细物，一件一件看过来，仿佛穿越在时光的隧道里，心随物转，神游千古。这些美好的物件上，似乎仍然依附着古代大师和艺术家的幽灵，让我们默然凝视就能与之对话，听到他们的喃喃细语。

本书介绍的 15 座博物馆都位于欧洲。博物馆向公众开放的大潮最早由欧洲引导，随后逐渐蔓延到世界各地。欧洲有大英博物馆、卢浮宫博物馆、梵蒂冈博物馆等许多著名的大型博物馆。不过，本书的主角并非那些百科全书式的综合大馆，它们是作者另一本书的内容。本书所关注的，是那些专精于不同主题，富有个性与特色的专题博物馆。

博物馆的特色取决于它的收藏。博物馆和藏品都会随着时代而不断改变。继承了大规模皇家或私人收藏的综合博物馆，自然极受欢迎与重视。但正如人有通才与专才之分，在综合大馆之外，还有许多博物馆将收藏兴趣专注于某一特殊的门类，或某个特别的地区。这些博物馆往往特色鲜明，无论是馆舍和展览布置，还是藏品内容和服务形式，都千差万别。

一个人的个性来自其独特的成长环境，博物馆的特色也与其诞生和发展的过程息息相关。书中介绍的展示火车演变历程的铁路博物馆，设在退役的华丽老车站，作为藏品的老火车，仍能带着游客在铁路网上驰骋。海事博物馆的大厦以前是矗立于大河旁的海军军械库，古老的幽灵船就漂在门前的水面上。音乐盒博物馆由废弃的老教堂改造而成，教堂原来的钟楼和管风琴，都成为馆藏的一部分。手袋与箱包博物馆开在阿姆斯特丹绅士运河旁的古宅里，珍藏着当年河畔豪宅贵妇们心爱的手袋和包包。伦勃朗之家并没有价值连城的展品，但人们仍络绎不绝地前来纪念这位伟大画家。《最后的晚餐》保存在达·芬奇最初绘制它的墙壁上，简陋的展厅却丝毫不会减弱伟大作品带给人的感动……

本书名为“奇趣景观：小博物馆大历史”，书中的专题博物馆有各种特色收藏和镇馆之宝，保留了业已逝去的世界中无数个瞬间的奇景。那一个个瞬间仿佛从历史上截取的小切片，林林总总拼贴在一起，构建出区别于大型综合博物馆的，更为平等入微的文化叙事。

我们作为东方的观众，在西方游览展示西方文化的博物馆，常常会感受到文化的冲击与隔阂。这些种类繁多的专题收藏，并非对每个人都具有同样的吸引力。然而在琳琅满目、特色鲜明的博物馆里漫游时，我们总能被不时闪现的人性光芒打动。或是安妮之家阁楼上保藏的红皮日记本，让我们看到即使历史的至暗时刻，也无法窒息少女的成长；或是热带博物馆里盲眼植物学家的塑像，揭示出哪怕无常而残酷的命运，也无法抹杀学者为科学进步作出的贡献；有时我们走进古老的监狱博物馆，探寻提倡人道主义的著作如何在恐怖的“痛苦地窖”中诞生；或者来到全景画博物馆，眺望百年前的海滩，体验那放弃无穷财富、投身艺术的人生赢家眼中的风景……

这些博物馆带给我们的感动是普世性的，不分东方或西方。或许也可以说，人类的伟大闪光必然蕴藏于历史的无数细微之处。正像在每一座博物馆中那样，随时准备着，给予步入其中的人以灵感和启迪。

刘珊珊　陈洪澜

2020 年 3 月 7 日

1

RAILWAY MUSEUM (NETHERLANDS)

钢铁时空穿越之旅　荷兰铁路博物馆

乌得勒支是一座有近两千年历史的古城，它在欧洲交通网络中一度居于重要的枢纽地位。早在公元 1 世纪中期，横扫欧洲的古罗马帝国为了控制西北欧，看中了这座位于莱茵河岸的港口，在此修建了一处军事要塞，此后这里就成为欧洲的水运中心。在 13—14 世纪，位于莱茵河上的乌得勒支是欧洲最重要的贸易城市之一。19 世纪早期，世界铁路刚刚兴起，荷兰人立即修建了一条由乌得勒支到阿姆斯特丹的铁路。1843 年铁路通车，乌得勒支随后成为荷兰铁路网络的枢纽和世界铁路旅行的交汇点。19 世纪晚期，随着铁路和公路的相继修建，这座古老的城镇升级为乌得勒支省的省会。

在这座不大的城市里有很多名胜美景。除了古老的大教堂、古堡、古运河、老牌大学、天文台和大剧院，还有许多独具特色的博物馆。如艺术品收藏丰富的中央博物馆（Centraal Museum）、以宗教艺术品为主的加大肋纳会院博物馆（Museum Catharijneconvent）、世界著名的米菲兔之家——迪克·布鲁纳故居（Miffy Museum）和音乐盒博物馆（Museum Speelklok）等，都设在这座城市。

我们到乌得勒支本来打算参观各座艺术博物馆，并没有特别注意荷兰铁路博物馆 [Railway Museum (Netherlands)，荷兰语 Het Spoorwegmuseum]。没想到向当地老人问路时，他看到我们在地图上标出了铁路博物馆的位置，就开心地欢呼起来，告诉我们这将是这趟行程的亮点，一定要早点去看。我们这才对其充满期待，特意留出 3 小时的参观时间。

荷兰铁路博物馆也可以称为火车博物馆，平时我们经常将铁路和火车混称，有时又仅仅用火车指代列车。其实，铁路系统包括路轨、列车、车站、道口等多个组成部分。而这家博物馆将铁路系统的诸多组成，作为一个整体进行展示。馆内展品的布置首先是从铁路服务体系的枢纽——车站开始，车站内外布置着轨道，上面展示着各种火车机车和车厢，还增加了第二次世界大战期间利用铁路运输的各种重型武器与辎重等展品，让前来的游人们对铁路系统有一次综合的体验。

老车站里的博物馆

荷兰铁路博物馆是一座国家级博物馆，在世界博物馆界有一定的知名度。1927 年，荷兰政府为了保存荷兰国家铁路具有历史价值的交通装备，创立了铁路博物馆。1954 年，乌得勒支老火车站马利班火车站（Utrecht Mliebaan Station）废弃后，立即被当时荷兰国家铁路公司看中。这座老火车站始建于 1874 年，略加扩建和装饰后，政府将博物馆迁入其中（图 1-1、图 1-2）。这

图1-1 乌得勒支铁路博物馆

图1-2 布置着圣诞树的车站大厅

项搬迁举措不仅使这座新古典主义豪华车站再度焕发青春，也让铁路博物馆借助它获取了得天独厚的环境条件与馆藏资源。马利班火车站原来使用的各种设施自然而然地成为博物馆藏品的重要组成部分，当时的铁路服务体系完整地保存在这座博物馆中。

我们刚进博物馆时，误以为走错了路，又来了火车站。展览大厅与今天的车站大厅完全没有差异，有售票口、问询处、行李寄存处、候车厅、餐厅等服务设施，墙上挂着铁路时刻表的告示牌。更神奇的是，现在仍然可以乘坐正常运营的火车到达或离开这里。老火车站的售票处里有一台散发着怀旧气息的古董收银机，可以购买博物馆的门票。

进入候车大厅，不妨先参观门旁的皇室候车厅。火车发明后，荷兰皇室很快发现了它的便利，他们经常乘坐火车在国内旅行，或进行国事访问。现在荷兰的各个火车站里，仍然有皇室专用的候车厅。博物馆里还有荷兰皇室使用过的专用车厢，如今大多数皇室专用车厢已被取消，只有在这座博物馆里作为展品展出。

车站里还有一间1925年的理发店。早年的火车站都设有理

图1-3 悬挂着荷兰风景画的休息室

发店，方便来往的行人整理仪表。这个理发店是从多德雷赫特（Dordrecht）中央车站搬来的。每个月有一天，博物馆会请当地著名的理发师来到店里，游客们可以在此免费享受理发师的刮脸服务。

博物馆内保留了多种不同规格的休息室，以满足当时不同身份旅客的需求。这些休息室有的风格简约，有的装饰奢华（图1-3）。休息室四周的墙壁上悬挂着不同时期、不同风格的绘画，多是荷兰画家创作的特色风景画，展现了荷兰铁路发展的历程。

候车厅外边有一个“蒸汽”剧场，门外摆着许多早年演出的广告牌（图1-4）。剧场里有以华丽的东方快车为背景的演出，带游客回到1900年火车旅行最浪漫的时代。演出时，东方快车里的各种角色，从巴黎的公爵夫人到君士坦丁堡的发明家，都会随时走下舞台，给来自世界各地的游客助兴。剧场里还经常上演各种新剧目。

博物馆里有家餐厅，能看到当年推销酒菜的各种广告。火车头停放在餐厅一旁，坐在旁边就餐仿佛穿越了时空，各种菜品也

图1—4 豪华的“蒸汽”剧场

都充满了怀旧的风味。

候车大厅的另一边是行李房。货架上的行李箱有大有小，各不相同。我们一开始以为展示的是旅客存放的行李。后来根据指引，扒到箱子上预留的小孔向里边看，才发现每个箱子都是一个奇妙的小世界，箱子里有各种奇巧、华贵的宝贝，若隐若现（图1–5）。

原来，这种内部情景忽远忽近，忽明忽暗，不断变换的旅行箱并不是普通的旅行箱，箱子里的金银珠宝也不是真实的物品，它们都是利用幻影成像技术制造出来的影像！

车站候车厅里复原了19世纪的列车长室、图书室和放置着各种机械部件的机车维修车间。列车长室和图书室摆放着荷兰铁路的历史资料和各种机车的技术资料，以及各种类型的火车模型与机车部件（图1–6）。

铁路博物馆的名气，主要得益于博物馆管理者的宏大策略和精细设计。他们把整个马利班火车站作为博物馆的文化套餐展览。这种保留车站原貌，并将各种原始物品变成展品的做法，忠

图1–5 旅行箱里的秘藏：幻影成像

实再现了荷兰铁路的旅行服务、商业经营和文化娱乐，内涵丰富；同时，又使用高科技光影技术营造出精美的小景观，充满趣味。

古董机车与重型武器

铁路博物馆里，什么展品最重要呢？说到底，无论是铁道还是车站，都是为火车的行驶提供基本条件和服务保障的，因此火车才是真正的主角。走进博物馆的后院，站棚下停放着各种火车。馆内收藏最早的是19世纪早期的蒸汽机车，最晚的是20世纪中期的内燃机车和电力机车，时间跨度达百余年。

在人类交通史上，真正意义的火车刚刚发明200余年，发明者是两个英国人。19世纪初期，英国的工业革命如火如荼，人们把开采矿山作为发财致富的重要途径。开挖矿山是一种特别繁重的劳动，把挖出的矿石从幽深狭窄的山洞里搬出去尤其费力。当初运送矿石主要依靠人力背，马车拖，效率十分低下。后来有人尝试沿着坑道向山下铺设圆木，让马车的轮子沿着两根平行的圆木向前滑动，能节省不少力气，这被人们称为木轨。有了木轨后，

图1–6 列车长室

工作效率大为提高。但木头质地松软，不耐磨损，后来人们便用铁轨来替代，世界最早的铁路就从矿区诞生了。

那么，最早的火车是什么样子呢？铁路博物馆里，就展出了火车初生时的雏形。

最早的蒸汽机车的车头是个上下都装着轮子的怪东西，有人称它为“老爷车”。火车诞生的故事就是从这个丑陋的火车头开始的。

这个火车头是英国矿山技师理查德·特里威斯克（Richard Trevithick）发明的。1804 年，他将瓦特发明的蒸汽机上下都安装上车轮，研制出这个奇怪的火车头，后面挂了 4 节运煤的小货车，每小时可行驶 4 英里，一次可拉 10 吨矿石。这本该是世界上第一列火车。不过，这列火车虽然装有锅炉、烟囱、汽缸、摇杆和大小轮子等火车应有的主要部件，却由于仅在矿山里使用，载重量小，速度慢，又常出故障，所以没能产生太大的影响。后来火车发明家的桂冠被英国矿工斯蒂芬森摘取了。

乔治·斯蒂芬森（George Stephenson）是煤矿锅炉工的儿子，他长大后在父亲所在的矿山做工。他父亲为蒸汽机车烧锅

图1–7 斯蒂芬森1825年制造的蒸汽机车头“机车1号”

炉，常常不能回家吃饭。他从小给父亲送饭时对蒸汽机车产生了兴趣，经常琢磨它。有次经过他的调试，蒸汽机比原来好用多了，于是斯蒂芬森萌发了研制新型蒸汽机车的愿望。1814 年，他成功改进了矿山的火车轨道，随后十几年间又相继研制出十多辆新型蒸汽火车在矿区间使用。

1825 年 9 月，由斯蒂芬森负责，修建开通了一条从斯托克顿到达林顿的铁路（Stockton and Darlington Railway）。当时举办了一场盛大的通车庆典。借助这个机会，他驾驶着自制的蒸汽机车在这段 26 英里长的铁路上举行了试车表演（图 1–7）。这列首次公诸于世的蒸汽机车一共挂了 32 节车厢。前边车厢内坐着 450 名乘客，其中有英国首相和各界的名流；后边车厢内装载着谷物和煤炭，总重量达 90 吨。

当时的报道说，这是一个亘古未有的东西，像个“痛苦不堪、五内俱焚的怪物”，令人恐惧。蒸汽机以煤为燃料，车头的炉膛里喷射出长长的火舌，烟囱里冒着浓浓的黑烟，随着“呜——”的一声吼叫，列车如同一条巨龙，哐当、哐当地迎面驶来，沿途有 40 万英国观众，亲眼目睹了列车高速飞奔的震撼情景。后来，科技

图1-8 博物馆举办的“蒸汽”赛车会（左）

图1-9 荷兰人自己研制的第一辆蒸汽机火车头“鹰”（右）

史家将史蒂芬森举行的这次试车表演作为世界铁路诞生的标志，并把发明火车的桂冠戴到史蒂芬森的头上。

英语单词中的火车叫“Train”，来自拉丁语中“拖”或“拉”的意思。火车首次被引入中国时，由于列车的吼声巨大，速度又快，带给观众十分强烈的刺激，胆小的人见到机车飞快驶来吓得连连撤退，甚至有人被吓晕了。大家看到这个怪物依靠火力驱动，就称它为“火车”（图 1–8）。

虽然当初人们对火车这种新型运输工具并不认同，认为它既危险，其烟火又呛人，甚至有些人经常破坏铁路设施抵制它。但英国的矿山主与工厂主对这种拉得多，跑得快，行驶平稳，不受雨天与泥泞干扰的火车十分喜爱，纷纷投资修建铁路，很快就使火车成为世界各国陆路交通的新宠。随后的岁月里，欧美各国都开始竞修铁路，铁路越修越长，火车也越造越好。

荷兰作为最早产生资本主义的富庶国家，对于发展铁路更是重视。第一条从阿姆斯特丹到哈勒姆的铁路于 1843 年建成，1849 年延伸到乌得勒支。铁路博物馆收藏最多的就是荷兰人早期使用的蒸汽机车、内燃机车和电力机车等，共有 60 多台。

第一代用蒸汽机牵引的火车经过了半个多世纪的不断改进，

无论外观还是性能，都日益完善。博物馆藏有荷兰人自己研制的第一辆蒸汽机火车头“鹰”(De Arend，图 1–9)。还有荷兰铁路公司研制的“黑车头 3737”(De Jumbo 3737，图 1–10)，据说是当时世界上最完美的蒸汽机车。黑车头 3737 一直被使用，1958 年退役之后，被送到博物馆成为展品。

但是，蒸汽机车必须以煤作燃料，需要在车头设置锅炉和煤炭车箱，又需要人日夜不间断地烧锅炉。若是长途行驶，还要在途中停顿，加煤加水，并且噪声巨大，污染严重，这些难以克服的毛病让火车司机和乘客们都感到厌烦。

为了改进蒸汽机车的这些弊端，19 世纪中期，发明家们开始寻找新的解决方案，他们转向研究燃油机车和电力机车。1860 年，法国的勒努瓦(Étienne Lenoir)研制出了以煤气为燃料的内燃机。1876 年，德国发明家奥托(Nikolaus Otto)仍以煤气为燃料，研制出了四冲程内燃机。1881 年，英国工程师克拉克(Dugald Clerk)研制出二冲程内燃机。1883 年，德国工程师戴姆勒(Gottlieb Daimler)研制出汽油内燃机。1893 年，德国工

图1–10 荷兰人引以为豪的“黑车头3737”

图1-11 火车展馆

程师狄塞尔(Rudolf Diesel)研制出柴油机。很多新发明都在世界博览会上亮相，它们作为轮船和汽车的动力机械使用都很成功，但把它们用于火车的牵引动力却一直有着各种问题，直到20世纪30年代，内燃机车才真正进入试用阶段。第二次世界大战之后，随着柴油机制造技术和性能的提高，在内燃机车中装配了废气涡轮增压系统，内燃机车终于走出试验阶段进入稳定的发展期。

1879年，德国西门子电气公司研制成功了世界上第一台电力机车。这台机车在柏林贸易展览会上做了一次表演，时速7公里，载客18人。最初的电力机车需要在铁路的两条铁轨中，铺设第三条供电线路输送电能。如果要牵引较多的车厢，就得使用高压线路输送电能。但是，在地面上铺设高压电线十分危险。1881年，该公司在柏林近郊架设了一条空中高压线路，提高了电压和功率，使火车的时速与装载量得到了很大的改善。

1903年10月27日，德国西门子与美国通用电气公司合作研制出了第一台实用的电力机车，时速可达210公里。从此，这种速度快、污染小、载重量大并且容易控制的电力机车便成为火车家族中的重要成员。到20世纪中后期，蒸汽机车基本被淘汰了，牵引火车的动力主要是内燃机和电力机车。

铁路博物馆不仅收藏了最早的老爷车、第一代蒸汽机车、内燃机车和电力机车，还陈列了许多早期简易的半敞篷客车、木屋式客车、老式火车头和车箱，以及各种火车模型（图 1–11）。

除了整个铁路系统的各种服务与机车，铁路博物馆还展示了搬运行李的各种小车、荷兰铁路上的活动医院，甚至第二次世界大战期间通过铁路运输的各种重型武器与辎重，如大炮、坦克和高射炮等（图 1–12、图 1–13）。

重型武器与辎重占用了馆内大量的空间，仿佛将博物馆变成一座重型武器大库房。铁路博物馆为何要把它们展示在这里呢？原来，博物馆是希望突出铁路运输在战争中的重要意义。铁路系统对军火及其军用物资的供应保障，是赢得战争胜利的关键一

图1–12 巨型大炮（上）

图1–13 第二次世界大战情景复原(下)

环。馆内还保存了许多第二次世界大战期间纳粹和盟军争夺使用乌得勒支铁路的资料。当时荷兰铁路的职工曾经全员罢工，以支持盟军的进攻。他们罢工的暗号是："维斯特格（Versteeg）的孩子们，全都得穿羊毛衣。"维斯特格是当时荷兰铁路的负责人，他的孩子就是所有荷兰铁路的雇员们。

火车怀旧体验

乌得勒支的铁路博物馆引人入胜的不仅是丰富的展品，还包括馆内诸多采用新型科技，提供沉浸式的场景怀旧体验。

进入怀旧体验区，我们首先看到一列豪华列车正要发车，据说这是过去欧洲的贵族才能享用的东方快车。车上安装了由虚拟技术构建的立体怀旧环境，可以让乘客感受到当年乘坐火车的速度和运行状态，观赏沿途的迷人风光，看到欧洲各国不同风格的火车站，以及欧洲贵族旅行的身影等各种超时空画面。这是博物馆的梦想之旅体验，游客可以登上车，穿越到东方快车的世界，而剧场中表演的人物，也随时可能从你身边经过，让人恍然忘记身处何方（图 1–14~ 图 1–16）。

图1–14 东方快车梦想之旅

图1–15 与“东方快车”中的人物相遇（左）

图1–16 在”重建”的旧世界漫游（右）

趁着体验区内排队的人不多，我们随即进到了“钢铁怪物”的采矿体验区（图 1–17、图 1–18）。这个体验区建在地下，仿佛进入真正的矿区坑道一样，里面一片漆黑。在室内稍候片刻，就能坐上一辆小斗车。在幽暗的灯光下，随着小车咯噔、咯噔的颠簸，逐渐进到黑黝黝的矿道深处。小车左转右转，似乎穿梭了许多个矿坑，突然哐当一声，好像是撞到了硝壁上，心里正感到紧张，灯光突然亮了，原来这是体验过程的结束讯号。

在“首次试车”体验区门口，我们没花多少时间排队，就获得了模拟驾驶火车的机会（图 1–19、图 1–20）。第一次坐在火车的驾驶室内，左手握着方向盘，右手拉动操作杆，火车便奔驰起来。火车驶出车站，经过了村庄和小河，来到平原上，开始平稳行驶。视野越来越开阔，行驶也越来越顺畅，绿草红花迎面扑来，十分惬意。不一会儿，火车从绿色的原野驶向林地，然后进入山区。周边的环境开始变化，火车似乎钻进了犬牙交错的山石间。

真正的历险开始了，火车越是向前，视野越差，路况也越来越险峻，有悬崖、深谷、高架桥和岔道。四周都是白雪皑皑的高山，驾驶难度逐步加大。当火车穿过山崖，铁路已从地面升到了高架桥上。巍峨的大山遮住了弯道的视线，我们这些冒牌的火车司机们不由得紧张起来，忽左忽右地控制着方向盘。

图1—17 研究“钢铁怪物”

转眼之间火车又要穿越峡谷了，恰在此时，有一辆火车迎面开过来了。避让！避让！赶快避让！为了避开对面驶来的高速列车，我们一阵手忙脚乱，又是急转方向盘，又是连连推动操纵杆，慌乱之中只听一声巨响——呼！撞车了！眼前一片黑暗。这次驾驶体验便以两车相撞而结束。

灯光亮起来后，看到驾驶室里一切完好，但心里仍在怦怦乱跳，被这种扣人心弦的“真实”体验吓出一身冷汗。看来不经训练的火车司机是绝对不能轻易上路的！

这种下矿道和驾驶火车的体验，都是通过采用近年来新兴的模拟技术实现的。它们是在传统模拟技术的基础上发展起来的，由动感模拟设备和立体影像配合音效等多种技术组合而成。模拟技术为了让人们产生真实感，需要有实体的机械设备搭建模拟平台，通过平台内部安装的液压缸上下左右运动，相继完成前倾、后仰、左倾、右倾等64组连贯动作，让人感到仿佛在真实的火车中驾驶或旅行。同时再配合上立体的音像效果，这些虚拟的场景便鲜活起来，让每一个体验者都能获得身临其境的惊险之感。

图1—18 坐上小斗车体验下矿道（上）

图1—19 模拟穿越高架桥（中）

图1—20 新手“火车司机”（下）

图1–21 博物馆中的冰雪节日

乌得勒支铁路博物馆正是借助这种新兴的幻影成像技术和模拟技术，让博物馆收藏的各类展品绽放出新的活力。原来，这就是我们问路时，当地老人如此推荐这家博物馆的原因。新技术使博物馆的教育功能具备了很高的娱乐性。这里简直像一处火车主题的游乐园，谁能拒绝这种生动有趣而又内容充实的博物馆呢（图 1–21）？

2

THE NATIONAL MARITIME MUSEUM

海上马车夫的征途 海事博物馆

在人类的世界里，除了天空，没有比海洋更广阔的疆域了。博大而神秘的海洋不仅孕育了各种生命，也承载了人类远大的理想。有史以来，不少国家都在大海上谱写出跌宕起伏的传奇故事，创造出无比灿烂的海洋文化。坐落于北海之滨的荷兰就是其中的典型。

荷兰人依靠海洋发家致富，振国强兵，有许多征服海洋的精彩故事。这些故事都展示在荷兰的海事博物馆里。所谓“海事”，即与海洋相关的一切事务，包括各种奇货和奇物。通过这些奇货和奇物展示荷兰人征服海洋的聪明才智和辉煌历史。

荷兰国家海事博物馆（The National Maritime Museum，荷兰语：Het Scheepvaartmuseum）坐落在阿姆斯特丹运河港湾的艾河岸边。荷兰全国有31家海事（或称航海）博物馆，阿姆斯特丹这家是其中规模最大的一座。

这处馆舍原是1656年荷兰皇家海军建造的军械库房，收藏着几百年来荷兰海军所用的30万件各类器物，其中6个文物仓库中有8万多幅造船图纸，1600多艘古船模型和各种航海仪器及生活用具。1973年，在荷兰前女王贝娅特丽克丝支持下，这

图2–1 荷兰国家海事博物馆外观

图2-2 海事博物馆内院

个军械库被征用为博物馆的馆舍，其中的许多文物自然而然地变成了馆中藏品。如今，荷兰海事博物馆在世界同类博物馆中名列第二（图 2-1）。

不过，将这座建于三百多年前的老仓库用作博物馆有许多不便之处。因此，2007 年至 2011 年，博物馆进行了重修。外观仍保留了 17 世纪的简约风格，中庭加盖了有似古海图中罗盘线的玻璃屋顶（图 2-2）。室内添设了现代化装置，各种古老的器物在新的环境里变得熠熠生辉。馆内的海事展品如今已有 40 万件，涵盖了地图、仪器、绘画、古船、船模、武器、工艺品及航海用具等各种类别。

航海知识与技术

荷兰是一个 16 世纪晚期才独立的小国，它是怎样迅速成为海上贸易的霸主呢？海事博物馆收藏了支撑荷兰崛起的秘密。若是在博物馆的各个展室里仔细观察一番，就能够找到答案。

在人类历史上，荷兰人并非海洋资源最早的开发者。仅就西

图2–3 布劳1664年出版的《大地图集·荷兰卷》中的阿姆斯特丹

方人的"地理大发现"和远航成就而言，荷兰只能排在葡萄牙和西班牙后面。但精明的荷兰人善于利用前人的地理知识和航海技术来创造奇迹。博物馆有一个古老的图书馆，里边收藏了6万余本图书和档案，都是与航海相关的历史文献。其中有多幅天文地理与制图等方面的传世之作，有出自公元1世纪古埃及天文学家托勒密、文艺复兴时期欧洲最早绘出世界地图的德国地理学家约翰内斯·鲁伊希(Johannes Ruysch)、荷兰制图世家克莱斯家族(Claes Family)和布劳家族(Blaeu Family)等名家之手的；此外还有大量的航海工程图、造船图、航运管理和船舶日志等。

地图是人类认识世界的重要工具，在国土治理、资源利用、陆地交通、海洋远航乃至开拓疆土和海外殖民等方面都有重要的用途。自新航路开辟以来，欧洲的测绘与制图就成为一项重要的国事活动。荷兰在17世纪曾涌现出许多测绘和制图的专家，其中以克莱斯家族和布劳家族最为显要。他们的知识与技术父子相传，并将绘画、制图和印刷出版结合在一起，制作的地图美观实用并且成本低廉，为荷兰人提供了大量先进的地理和航海知识。

地图展厅里有许多古老而珍贵的地图。如 1570 年首次出版的荷兰制图学家奥特利乌斯（Abraham Ortelius）的世界地图集《寰宇全图》（*Theatrum Orbis Terrarum*），收录了 53 幅地图，并附有详细的注解。在世界地理学领域，它被认为是第一部现代地图集。还有一部 1595 年出版的墨卡托（Gerardus Mercator）的《阿特拉斯》（*Atlas*）地图集，收录了 107 幅地图，被视为地图史上划时代的巨著。

另一部部头更大的地图集，是 1662 年出版的荷兰制图师和出版世家约翰尼斯 · 布劳（Johannes Blaeu）的《大地图集：布劳的宇宙学》（*Atlas Maior*），收录地图 594 幅，注解文字 3368 页，全书多达 4608 页，被誉为“迄今出版的最伟大、最精美的地图集”“把世界装进了一本书中”。布劳之所以能绘制出如此多的地图，得益于家族三代的积累，并且他本人从 1638 年开始担任荷兰东印度公司的绘图师。因此，他有机会利用荷兰 50 多年来的航海档案和领航员们绘制的各地海图。1642 年，他随荷兰东印度公司船队亲自到达过大洋洲南部的新西兰，在他的世界地图里绘有澳大利亚和新西兰及周边的岛屿。这本《大地图集》曾是 17 世纪荷兰最贵的书籍。它和《寰宇全图》一样，被视为荷兰黄金年代的大师级制图作品，在世界地理学史上占有重要的位置，让人感受到荷兰人征服海洋的软实力（图 2–3）。

馆内有一幅 1655 年手工着色绘成的巨幅地图，描绘了荷兰在北美的殖民地新尼德兰、新英格兰及弗吉尼亚部分地区的地理概貌，以此证明荷兰人是新大陆的发现者和拥有者（图 2–4）。

荷兰人一方面搜集前人的知识，完善自己对世界地理的认

图2—4 17世纪的手工着色区域地图

知，另一方面却对自己新创造的知识保密。据说早年负责印刷航海图的布劳家族，每次印刷新图前都要对阿姆斯特丹市长和东印度公司主管发誓保密。很多航海地图当时都无法公开看到，直到几百年后的今天，我们才有幸在博物馆里见到它们。

博物馆里还有不同样式的地球仪。地球仪是地球的模型，虽不能像地图那样详细地标示地理和地貌的差异，却有助于阐明有关地球的概念，演示地球运动的状态，从而使人们获得直观的认识。

据说公元前 3 世纪的古希腊人埃拉托色尼（Eratosthenes）发明了地球仪，但后来失传了，没人见过它的样子。现存最早的地球仪是德国航海家和地理学家贝海姆发明的。1492 年，他根据托勒密《地理学指南》中的地图制作了首个地球仪。尽管人类早已有了地圆学说，但真正证明地球是个圆球的，是 1519 年葡萄牙探险家麦哲伦的首次环球航行。贝海姆创作地球仪时，哥伦布的远航规划还在筹划之中，欧洲人并不知道大洋洲和美洲的存在，贝海姆根据《马可波罗游记》的记载描绘了中国和日本。所以他的地球仪漏洞百出，被人们讥笑。

当时的航海探险家已经意识到地球仪对于航海的意义。在航海中使用平面海图为航行定位难度很大，他们常常需要使用方格线在平面图上构成经纬网来定位，但在长距离和高纬度的航行中误差仍然很大。为了解决这一难题，海图学家们试图模仿地球的形状，制作出航海地球仪来代替海图。

荷兰制图学家墨卡托经过反复试验，终于获得了成功。他改进了前人的方法，发明了正轴等角圆柱投影法，于1540年制作出一个获得广泛认同的地球仪。他在地球仪上刻绘了子午圈、平行圈和等角航线。从此远航的人们便可使用等角航线这种简单的方法为航行定位。后人将这种投影法命名为“墨卡托投影”。

墨卡托制作的地球仪和航海图在荷兰的航海活动中发挥了重要作用。不过，他当初的那个地球仪已经不复存在了。

馆内最古老的地球仪制作于1613年，是荷兰国会委托绘图大师约道库斯·洪第乌斯二世（Jodocus Hondius Ⅱ）和阿德里亚恩·维恩（Adriaen Veen）制作的（图2–5）。这个地球仪直径53厘米，重30公斤，绘制得相当精确，已接近今天所用的地球仪。

洪第乌斯是文艺复兴时期的地理学家和制图家，1593年，他移居阿姆斯特丹开设制图店铺。1604年，他从墨卡托的孙子那

图2–5 洪第乌斯二世1613年制作的地球仪和天球仪

里购买到墨卡托的《阿特拉斯》地图集图版，重新刊行。墨卡托的原本受到奥特利乌斯《寰宇全图》的影响，销量并不大。洪第乌斯重刊时加入了36张新地图，包括自己绘制的部分地图。虽然有所贡献，但洪第乌斯只将墨卡托列为地图集的作者，自己作为出版商。新版《阿特拉斯》地图集取得了巨大的成功，一年后销售一空。洪第乌斯后来又出了第二版和袖珍版。后来这些地图被称为"墨卡托－洪第乌斯系列"，行销欧洲。洪第乌斯死后，他的两个儿子和女儿都继承了他的制图事业，馆内这个地球仪就是他的儿子制作的。

与这个地球仪相配的还有同时制作的一款天球仪（图2–6）。两个仪器外观相同，只是天球仪上画着天蝎、狮子、双子、大熊、小熊等各个星座，每个星座还绘制出相应的神话形象。维米尔的名画《天文学家》的主角正在研究的，就是洪第乌斯同款的天球仪。据说1618年维米尔从洪第乌斯的店铺买了天球仪，并从中得到灵感，创造出寻找天启的天文学家的形象（图2–7）。这幅画如今收藏在卢浮宫。

了解地球与海洋的概况只是远航的先决条件。要在浩渺无

图2–6 洪第乌斯二世1613年制作的天球仪（左）

图2–7 维米尔绘制的《天文学家》，卢浮宫藏品·（右）

图2-8 精密的航海仪器（左）

图2-9 六分仪（右）

际、风雨无常的大海里远行还需要许多技术和设施。馆内的导航仪器展室，陈列了五百年来荷兰航海史上使用过的各种仪器，有常见的罗盘、星象仪、钟表、三角板、量角器和圆规等（图 2–8、图 2–9）。还有许多奇特的仪器，有的用于测量所在位置的经度、纬度和海洋深度，有的用于测量航行的速度、定位与定向，有的用于观测风向、风速和气象等。它们好像东海龙宫的宝物，每一件都有神奇的功用。

为了勾起观众对这些古老仪器的兴趣，这间展室布置得像广袤而深邃的星空，并用各色灯光模仿天空中的星座，帮助辨认方位。在灯光的照耀下，各种仪器都变得神秘特异，高深莫测。

海上的精彩画卷

博物馆东翼二楼是绘画展厅，四周摆放着八百多幅海景绘画。这些绘画都是以海洋和海事为题材，用缤纷的艺术语言，讲述了五百多年来荷兰人在海事活动中的精彩故事（图 2–10）。

在艺术家的笔下，大海和海滩气象万千，每一幅作品都有独特的视角和精巧的构图。有的是宁静港湾里各种帆船安静地停泊，或者暴风雨来临时帆船在滔天海浪中颠簸，以及海军战舰在

图2-10 不同风格的海洋和海事绘画作品

大海里与敌军搏斗……创作这些千姿百态的海景画的画家中，有不少是航海爱好者，有些人还是海上远航的常客，或者是兼任航海测绘的艺术家。他们善于捕捉海洋的变化气息，能把渔船、商船和军舰等不同类型的船舶描绘得非常精确，因此画面生动逼真，具有很强的视觉感染力。

这些海事绘画中，雷尼尔（Reinier Nooms，1623—1664）绘于1664年的作品与众不同（图2-11）。雷尼尔绰号“水手”，毕生致力于海景绘画。这幅画描绘了从阿姆斯特丹中央流过的艾河的美丽风景，河面遍布战船，画面中心是绰号“祖父”的荷兰传奇海军上将鲁伊特（Michiel Adriaenszoon de Ruyter）的战船“镜子号”，船头有两个天使手捧一面镜子的雕刻。画面最右侧的建筑，正是现在的海事博物馆，跟现在的样子基本没有差别。雷尼尔于1664年去世，这幅画是他最后的遗作。

不少作品可以视为叙事性质的历史题材绘画。画家范·魏林根（Cornelis Claesz van Wieringen，1577—1633）擅长描绘帆船和海战，他创作的《荷兰与西班牙舰队的直布罗陀海战》展现的就是1607年4月25日荷兰人在直布罗陀与西班牙舰队作

图2-11 雷尼尔1664年绘制的海事博物馆

战的场景（图 2-12、图 2-13）。为了全面表现这次海战的宏大场面，画家创作了多幅画面，连续描绘了敌我双方在战斗中的变化动态。从画面中可以看到天空弥漫着浓重的炮火烟雾，双方的战船在海面上相互撞击，中弹的战舰即将沉没，救生的小船被放入海面，溺水的士兵挣扎着游过来，水中漂浮着被击碎的杂物，一场惨烈海战如连环画般展现在观众面前，震撼人心。

荷兰舰队在这场海战中挫败了西班牙，取得了荷兰独立战争以来的巨大胜利。战后西班牙与荷兰签订了《12 年停战协定》，承认了荷兰共和国的独立。因此，这场海战不仅被载入荷兰的建国史册，而且在世界海战史上也产生了巨大的影响。荷兰摆脱西班牙的统治后进入了黄金时代，17 世纪上半叶其商船的总吨位已达到英、法、西班牙和葡萄牙四国的四分之三，荷兰成为海上霸主，被称为“海上马车夫”。

然而，荷兰很快就遇到了另一个迅速崛起的海上强国——英国。英国结束内战后，先是打破了西班牙和葡萄牙的海上贸易垄断，然后把矛头对准了荷兰。从 1652 年到 1674 年的 20 多年间，相继爆发了三次英荷战争。1690 年，小威廉 · 凡 · 德 · 维尔

图2—12《荷兰与西班牙舰队的直布罗陀海战》，范·魏林根绘（上）

图2—13《荷兰与西班牙舰队的直布罗陀海战》（局部），范·魏林根绘（下）

德(Willem van de Velde de Jonge,1633—1707)创作的《特克塞尔附近的海战》，描绘的就是英荷第三次战争中的一场海战。小威廉出生在绘画之家，父亲兄弟都是画家，老威廉以精确地描绘船舶的单色画而闻名(图 2–14)，小威廉则以描绘特定舰船、海军事件和海景图而闻名。《特克塞尔附近的海战》就是他创作的一套系列海战作品(图 2–15)。

据记载，这次海战中英国联合法国集结了 90 艘主力舰，30 艘纵火船，于 1673 年 8 月 21 日凌晨偷袭了驻扎在特克塞尔岛上的荷兰舰队。廖特尔指挥的荷兰舰队有 75 艘主力舰，30 艘纵火船，击溃了来犯的英法联合舰队。为了更好地展示这次海战，画家连续绘制了三幅油画表现海战中的变化：海面上浓烟滚滚，天空中狼烟四起。近前的战舰已被炮火击中冒出浓烟。在随后的画

图2—14《1653年的新普尔战役》，老威廉·凡·德·维尔德绘（上）

图2—15《特克塞尔附近的海战》，小威廉·凡·德·维尔德绘（下）

面中，通过旗帜飘扬的方向可知，有些战舰抵挡不住猛烈的炮火已经开始逃离。有一艘战舰被击中正在沉没，逃生的士兵都挤上了小船。荷兰人在这次海战中以少胜多，取得大捷。

馆内还收藏了画家描绘同一场战争的《索莱贝战役》，在这次战役中，双方都损失惨重。到 17 世纪晚期，荷兰在英法战争中多次失利，虽然打过几次胜仗，但难以挽回衰败的局势，海上霸主的地位逐渐被英国取代了。

荷兰人爱海，有很多海景画画家，甚至有以创作海景画为生的画家。自 17 世纪以来，海景画家代代相继，人才辈出，如西蒙·德·弗利格（Simon de Vlieger, 1601—1653）、阿雷·普雷斯尔（Ary Pleysier, 1819—1879）和扬·霍曼（Jan Homan, 1919—1991）等。他们留下了大量的海景画作品，从中可以看到

图2–16 在画中寻觅往日的海洋

他们对船只、海洋、海岸、天空、气象的精彩描绘，每一幅都具有独特的美（图 2–16）。

船舶模型与古船

在 17 世纪，荷兰为什么能成为世界头号贸易强国？他们是如何跑到地球的另一端占领了大片的殖民地？从海事博物馆里的海船收藏可以找到端倪。博物馆北楼有影视屏幕播放当年航海的盛况和各种航海生活，此外大量的空间都用来展示各种各样的船舶模型。馆内拥有近两千个不同形态的船舶模型，大部分是早年的帆船，还有一些后期安装了发动机的机动船、拖船、游艇和赛艇等，以及大量的船舶部件和专用于装饰船只的艺术品（图 2–17）。

海事博物馆的研究者恩斯特·凡·凯伦（Ernst van Keulen）曾经说："如果你想真正了解荷兰人，就应该来海事博物馆。荷兰 90% 的事物都曾存在于船上，如果没有船，荷兰也就不存在。"荷兰人的生活离不开船。船不仅是他们水上的交通工具、捕鱼的生产工具、经商的运输工具，也是用来远航扩张的重

图2–17 帆船模型展厅（上）

图2–18 帆船模型（下）

型武器。荷兰的财富都是依靠船舶，一船一船地从大海里和殖民地运回来的。因此，难怪荷兰人非常爱他们的船，喜欢把船只打造得像小皇宫一样舒适。

馆内收藏的船只外形都很美，很多还被装饰得富丽堂皇，让船只与船主的身份地位相称。有钱有势的船主不仅打造坚固耐用的船，还在船上装饰各种艺术品，这些都陈列在船只装饰艺术品大厅里。

这些用作船只装饰的艺术品除了满足审美的需要，还有各自丰富的含义。有标示船主家族荣耀的徽章，有标示船舶所属公司名称的图案，有保护航海平安的神祇，有镇压海浪的海神，也有得到神灵保护逢凶化吉的故事场景等（图 2–19～图 2–21）。这些艺术品都是精雕细琢而成，承载着航海人美好的愿望，既可祈

图2—19 船上的徽章与船头的保护神雕塑（上）

图2—20 船上的徽章雕刻（左）

图2—21 装饰在船上的木雕（右）

求平安，又能愉悦精神，船员借此来消解远航途中的烦闷与焦虑。

该馆的船舶藏品中有三艘老船价值最高。第一艘是荷兰皇家的驳船（图 2—22），1816 年，由知名造船商C. J. 格拉弗曼斯设计，1818 年，在鹿特丹海军造船厂完工。船身长 17 米，船内装设柔软的座位，中间搭设遮挡阳光和风雨的顶蓬。船头装饰着镀金的海神尼普顿雕像：孔武有力的海神尼普顿坐在三匹马拉着的巨大贝壳中，右手握三叉戟，左手拉着马缰绳，身边站着两个人首鱼尾的儿子（图 2—23、图 2—24）。驳船的尾部装饰着荷兰国徽和两位希腊女神雕像。一百多年来，荷兰王国的奥兰治皇室成员乘坐它参加过各种节日庆典，为皇家赢得了极大的荣光。20 世纪 70 年代该船停用后，入藏海事博物馆。

第二艘老船是1900年荷兰公共工程部制造的破冰船，名为“克里斯蒂安·布鲁宁斯号”(Christiaan Brunings)。这艘船里安装了蒸汽驱动机，马力既大又很坚固。第一次世界大战期间它曾被荷兰海军征用，战后又用作救援船和探测船等，为荷兰立下了汗马功劳。1968年，被国家海事博物馆购买收藏。

第三艘是荷兰东印度公司的“阿姆斯特丹号”复制品。这艘商船的故事有点像泰坦尼克号。1749年，它首航时触礁沉没，在大海里沉睡了两百多年，后来被打捞出来复原。下文就来谈谈这艘失而复得的商船。

图2-22 荷兰皇家驳船(上)

图2-23 皇家驳船的海王(左)

图2-24 海王人首鱼尾的儿子(右)

深海幽灵：阿姆斯特丹号

海事博物馆里体积最大、故事最多的展品，就是这艘复原的三桅帆船“阿姆斯特丹号”。这艘木制帆船出自荷兰皇家造船厂，船上配有 350 多名船员，58 门大炮。1749 年 1 月 8 日首次启锚远航，前往印度尼西亚的爪哇岛。船上满载着大炮、银币、棉布、皮毛、酒、纸和钢笔等商品。轮船航行了半个多月，1 月 26 日行至英格兰海峡时，遭遇暴风沉没了。直到两百年后的 1969 年，这艘沉船才被发现，只有大部分龙骨保存尚好。1985 年，海事博物馆在国际船舶专家的协助下，根据沉船残骸和档案资料，按原形原尺寸复制新船。经过五年时间，终于成功再现了这艘长 56 米、宽 12 米、高 60 米的帆船。1991 年，消失了两百多年的“阿姆斯特丹号”来到海事博物馆，停泊在大楼北部的水面上，仿佛出海归来一样，吞吐着前来参观的熙熙攘攘的人群（图 2–25）。

2011 年 10 月 1 日，“阿姆斯特丹号”按昔日的模样，布置成博物馆中的一个特色展室，成为馆中最有吸引力的巨大展品，由此奠定了这家博物馆在欧洲海事博物馆中的地位。消息传出，

图2–25 阿姆斯特丹号古海船

世界各地的游客纷至沓来，都想看看当年远洋海船的模样，体验当时航海生活的“真实”情景。

由博物馆旁边的舷梯登上甲板，可以看到当年船上使用的各种器械、用具和航海仪器等。早在18世纪，荷兰人已能建造出如此庞大而精美的帆船，令人惊叹。这是一艘商船，但船舱里的设施却让我们大为吃惊。舱内沿着四周布置了许多大炮。大型炮弹堆放在炮身旁边，有的重达20多公斤，射程达2000米远。小型炮弹放在大木箱里，有些像豆子和米粒一般。这些炮弹分为六个级别，可根据帆船当时的排水量酌情发射。难怪一个小小的荷兰王国，17世纪中期竟然能在世界五大洲拥有那么多殖民地！

古帆船的各个角落还设有木架与挂钩，用来安放大刀、长剑、长矛、火药枪和短枪，整齐地排列着当时的各种武器。这些枪炮的旁边则摆放着许多大小不同的陶瓷花瓶（图2–26）。荷兰人与东方人做生意，船上有瓷瓶并不奇怪。按照中国人的习俗，瓷瓶有祈求平安之意。但船上却将火枪与瓷瓶同列，颇有几分讽刺意味。

在漫无边际的海洋里航行，如何才能遵循正确的航路不迷失方向，判断气候的变化避免狂风巨浪？这艘帆船上装有多种航海仪器，用来测量海洋上的方位，计算夜空中星星的位置，通过这些数据来确保航行的安全。

进入古船的底舱，里边塞满了货物。既有贩卖的商品，也有水手们的食物。木桶里排列着一瓶瓶葡萄酒，壁橱中码着满满的奶酪。船上有船长室和水手们的宿舍，还有厨房和餐厅，餐桌上陈列着各种食品，真实再现了当年远洋航行的生活情景（图2–27）。

图2-26 长枪与瓷瓶（左）

图2-27 商业货物（右）

这艘海船上有电影屏幕，播放过去的航海过程、在海洋中遇到的各种困难和奇异景色。他们还拍摄了一部航海电影《驶向巴达维亚》，再现早年荷兰人远航巴达维亚（今雅加达）的情景。这些现代化的影视设备让观者身临其境，很多时候我们忘记了是在参观一座博物馆，而是仿佛乘坐着一艘远洋归来的航船，体验海上旅行的滋味。

沉浸在大海中

很多游客评价海事博物馆有趣，好玩。这正是这家博物馆追求的目标之一。博物馆里有许多精美的藏品，但要把这些沉默的老物件变成鲜活生动的展览品可得费一番功夫。海事博物馆在这方面十分擅长。他们不仅把博物馆装扮得像星空、大海和海岸一样变化万千，还设置了多种多样的互动体验区。

除了阿姆斯特丹号船上复原的生活场景，北楼展区还设置了“海上航行”的虚拟展厅，置身其中，游客可以触摸到诸多与大海有关的藏品。还有一种虚拟海上探险活动，观众在其中体验轮船遇险、暴风雨袭来、星夜迷向、激烈海战等险恶的处境。正当你即将坠入深渊或被巨浪吞没之际，突然间灯光亮了，危险消失了，却已惊出一身冷汗（图 2–28）。

博物馆大楼的西翼专门为儿童设置了多样化的互动展览活动区，孩子们一到这里大多会沉迷其中，不愿离去。馆里复制了一个巨大的鲸鱼模型，真实得可以让人嗅到鲸鱼的气味，触摸它滑腻的皮肤，听到它心脏的跳动（图 2–29）。馆内还有专为低龄儿童设置的海洋生物展览迷宫。由专业摄影师在水下拍摄的能发光和变色的动植物，配上大海浪涛的声音，孩子们在这虚拟的环境里体验水下的神奇世界，乐不思归。

所谓寓教于乐，正是通过有趣与好玩的东西，帮助人们认识这个庞大而驳杂的世界。游人沉浸在海事博物馆的互动和游戏中，看到的不仅是荷兰人辉煌的航海成就、先进的技术设备，还有他们所探索的博大精深的海洋文化。

图2–28 虚拟互动游戏（上）

图2–29 触摸“鲸鱼”的孩子（下）

3
MUSEUM OF THE TROPICS
丛林中的隐秘历史　热带博物馆

荷兰阿姆斯特丹有一家十分隐秘的博物馆，隐藏在市东南的植物园和皇家动物园旁边。称之隐秘，可能会让人诧异：博物馆又不是私密的藏宝室，一个对公众开放的场所，有何隐秘可言呢？

这是一家热带博物馆（Tropenmuseum, Museum of the Tropics），称其隐秘，并不在于它偏远难找，而是因为它有一段难于启齿的历史。热带博物馆的前身是“殖民地博物馆”，馆中的藏品全部来自荷兰曾经的热带地区殖民地。大概是出于对这段历史的忌讳，虽然博物馆的馆舍历史悠久，装饰华丽，正门却经常紧闭，仅在大楼一旁的地下室开了个小门，日常供游人出入（图3-1～图3-3）。

博物馆平时对外的宣传也很低调，不熟悉阿姆斯特丹的游

图3-1 大厦一翼隐秘的地下入口（上）

图3-2 平日紧闭的正门（左）

图3-3 入口前的殖民地人民雕塑（右）

客，很少会到此参观。幸好我们在阿姆斯特丹就住在这座博物馆附近。有天恰逢荷兰的古迹开放日，难得这座博物馆全部开放，平时不许游人参观的华丽大厅、会堂和图书室也都开放，我们才得以欣赏到博物馆的全貌。

羞于启齿的殖民史

说起荷兰的殖民史，如同一部惊险的长篇小说。荷兰人有个绰号，叫做“海上马车夫”。16 世纪晚期，北海之滨以捕鱼为生的荷兰人，依靠娴熟的造船技术和海上贸易优势，推翻了西班牙的统治，获得了国家独立。但荷兰地处低地，狭窄的土地和贫乏的资源使他们难以立足。艰难的生存环境造就了荷兰人精明的商业头脑和冒险精神。建国伊始，荷兰人就把发展的眼光放在海外贸易上。当时四大洋里到处都有挂着荷兰三色旗的商船游弋。

荷兰的殖民史随着海外贸易开始。1596 年，荷兰商人来到印度尼西亚群岛开始经营香料生意，他们相继成立了 14 家贸易公司。1602 年，荷兰人为了垄断海上贸易，将这些大小不一的公司联合起来，在爪哇岛的巴达维亚成立了联合东印度公司。这个公司非同小可，虽然挂着公司的招牌，却能代表国家行使职能。它是世界上第一个可以自己招募雇佣兵，发行货币，直接与其他国家定立条约，并对所占领地区实行殖民统治的股份有限公司。

荷兰人在巴达维亚设立了“贸易和行政管理总部”。依靠这个基地，相继在东印度群岛（如今被分为印度尼西亚、马来西亚和巴布亚新几内亚）建立了许多据点，以扩展贸易市场。

精于经商的荷兰人先是通过与中国、日本、印度、锡兰（今斯里兰卡）和波斯等国的贸易往来逐渐向东方渗透，不久，他们便操纵了世界上大半的商品贸易，成为17世纪的海上霸主和商业强国。商业的发达为荷兰的海上军事力量提供了经济来源，荷兰发展成为海上的殖民强国，成为继西班牙之后，在世界上占领殖民地最多的国家。

荷兰的殖民地大多位于热带地区。在东亚，荷兰人占据了中国台湾，垄断了日本的对外贸易；在东南亚，荷兰人把印度尼西亚变成殖民地；在非洲，从葡萄牙手中夺取了新航线要塞好望角；在大洋洲，用荷兰一个省的名字命名了新西兰；在南美洲占领了巴西；在北美大陆哈德逊河河口，建造了新阿姆斯特丹城（即今纽约市）。17世纪被视为荷兰的黄金时代，它在世界各地先后占领和殖民的国家、地区、岛屿和城市多达七十多个。

荷兰人将海外殖民当作开拓疆土的功绩来展示。1864年，时任工业促进协会秘书的弗雷德里克（Frederik van Eeden）联合其他三位商人，在荷兰小镇哈勒姆建立了一座殖民地博物馆，专门收藏他们在遥远的热带殖民地搜罗到的文化“证据”。许多人听说筹建博物馆的消息，都从家中捐出得自殖民地的物品，交给弗雷德里克。博物馆于1871年向公众开放。随着收藏品的日益增多和影响力扩大，1910年，殖民地博物馆从远离都市的哈勒姆迁至阿姆斯特丹，并于1923年建造了这座壮观的大楼（图3-4）。

17世纪晚期，荷兰开始走下坡路。他们在海上遇到了劲敌。大不列颠群岛上的英国人凭借工业革命迅速崛起，海军力量很快赶超了荷兰。荷兰与英国在海上进行了三次大战之后元气大伤，此后又遭到英法联军的共同打击。荷兰大量的海外殖民地都易手

图3–4 博物馆开幕时的老照片

他国，只保留下印度尼西亚、阿鲁巴和荷属安的列斯等几个岛国。1949 年，随着印度尼西亚的独立，荷兰旧有的殖民体系全面瓦解。

第二次世界大战结束后，世界各国的殖民地和半殖民地都掀起了民族独立运动，大批亚非殖民地国家相继获得了独立，殖民主义遭到了唾弃。荷兰的殖民地博物馆因此也受到批判，被纳入阿姆斯特丹皇家热带研究所。此后博物馆就由热带研究所负责经营和管理，馆名也更改为“热带博物馆”。

为了让这些来自前殖民地的藏品能够继续展示，管理者颇花费了一番心思。他们对各类收藏品重新进行了布置和解说，以人类学的思路来表现具有异国情调的各地文化，突出多元主义，并对过去的殖民制度和奴隶制度进行了批判性回顾。2014 年 3 月，热带博物馆与荷兰国立民族学博物馆和非洲博物馆合并，成立荷兰国立世界文化博物馆。

合并后的热带博物馆并未改变名称，因为藏品大部分都是从海外的热带殖民地搜罗来的。参与搜集的荷兰人中有商人、探险家、旅行者、科学考察者、传教士、政府官员、民族学家和收藏家等。这些藏品多是当时的日常生活或礼仪物品，各行各业的搜集者有不同的兴趣与喜好，使得展品类型十分庞杂，显现出丰富多彩的样貌。为了扩展收藏的范围，博物馆还通过购买和交换获得非前殖民地的藏品，他们尽量选取并不贵重的日常物品和影音档案对不同地区的人类文化进行阐释。

作为阿姆斯特丹最大的博物馆之一，该馆有 1.2 万平方米，原有三十多万件收藏品，合并之后，藏品数量更加庞大。常设展览包括东南亚、南亚、大洋洲、印度、西亚北非、撒哈拉以南非洲、拉丁美洲和加勒比八个部分，此外还经常安排一些临时展览以及相关的电影、纪录片、传统视觉艺术、摄影作品或故事讲述者、音乐家以及舞蹈者的现场表演等（图 3–5）。这些展览讲述了荷兰和热带殖民地中不同国家、不同背景的不同人群的故事。因此有人将这座博物馆称作“故事王国”。从历史研究者的视角来看，热带博物馆的展品都是荷兰殖民史的见证，每件展品都有着特殊的身份和来历。

图3–5 多样的展示媒介

千人千面

人是什么？有研究者说，拉丁语中“人”(Theodor Lipps)最早的词义是原始社会聚落首领的官衔，而且只有佩戴面具的那个才是“人”，也指人格面具。人原本就是一种神秘而复杂的生灵，却又擅长使用各种面具掩盖真实面目，这就更让人类的世界充满了戏剧性。热带博物馆里最具神秘意味的展品便是那些古老的面具。

博物馆大厅的第一个展品是一件具有抽象意味的人面雕塑(图 3-6)。它像一根用老树桩削出来的根雕，站在那里既神秘又庄严。这件古老的面具来自巴西，是当地人在庆祝新屋建成的仪式上使用的。在面具背后，肤色和样貌都被隐匿了，它是一个符

图3-6 巴西根雕面具“人”

号，代表了博物馆最核心的展示对象——“人”本身。

佩带面具是一种古老而神秘的文化现象，世界各民族在原始时期都曾使用过面具。这家博物馆收藏的面具来自东南亚、非洲、美洲和大洋洲等地。它们材质不一，多使用木头、骨头、兽皮、树皮、贝壳等天然材料制作。这些面具有着不同的含义和用途。有的用于祭祀、跳神和镇宅，有的用于戏剧和舞蹈，还有的用来威慑野兽和敌人。在发挥这些神秘功用的同时，它们也表现出精湛的制作技艺（图 3−7~ 图 3−10）。

德国学者利普斯（Theodoripps，1851—1914），对面具做过深入的研究。他说：“从死人崇拜和头骨崇拜，发展到面具崇拜及其舞蹈和表演。刻成的面具，象征着灵魂、精灵和魔鬼”。博

图 3－7～ 图 3–10 形形色色的面具

物馆展示的这些面具，用它们圆睁的眼睛和张开的嘴巴直视着我们，好像许多不屈的灵魂游荡在大厅里，想要诉说自己特殊的身世和来到荷兰的历程。

在交通与信息条件都很闭塞的16世纪，生活在西北欧的肤色白皙、金发碧眼的荷兰人，初次遇到头发弯曲、皮肤墨黑的非洲黑人，或有着黄色皮肤、长着黑眼珠的亚洲人时，真是惊讶极了。他们使用了许多办法，制作各种可视的形象，将海外的奇异见闻介绍给家乡的人们（图3–11）。

政府曾派遣不少文职官员到殖民地进行土地测量、绘制地图，以及从事海上导航等文化拓展活动。这些人中不乏优秀的画家，他们往往被热带的风土人情所感染，描绘了大量的作品展现当地的人物、动物、植物、街道及村舍等热带地域风貌。馆内收藏了不少精美的人物画，部分悬挂在展览大厅的墙壁上，观众可从中看到世界各个民族的相貌特征与奇异装饰。其中不少是本土艺术家的杰作。

画家贝农（J. D. Beynon）1830年出生在巴达维亚，他曾在阿姆斯特丹的皇家学院接受培训，1855年，返回巴达维亚定

图3–11 当代艺术家创作的不同的“脸”

图 3–12 印尼女子威廉敏娜（左）

图 3–13 印尼女子玛丽亚（右）

居，博物馆悬挂的两幅印尼女子肖像便出自他手。其中的长发年轻女子叫威廉敏娜（Wilhelmina Margartha Martherus，图 3–12），印度尼西亚和亚美尼亚混血家庭的女儿，她的丈夫有一半中国血统。另一位年长的夫人则有一段浪漫的爱情故事，荷兰士兵亨德里克和印尼女子玛丽亚（Maria Anna Hamar de la Brthonire，图 3–13）相爱，他的军官上司反对他与本地女子结婚，他愤而退役，与画中人结为夫妻。

不同肤色的偶人

热带博物馆有各种不同肤色的偶人，它们来自世界各地，堪称馆内最有趣的展品。欧洲人很早就采用制作偶人的方法，讲述殖民地的故事，直到今天，仍然是重要的展示介质。该馆的偶人展品，有的用土、木、陶、瓷等材料制作，还有的是现代蜡像。

一些偶人布置在不同的热带环境中，有情有景，栩栩如生，这些艺术品被称为立体模型，或者“西洋景”（Dioramas）。它们是 20 世纪初荷兰殖民者委托当地艺术家制作，然后作为纪念品

图3–14 描绘“杜”节的西洋景

带回荷兰的。殖民者们希望家乡的亲人也能领略他们见到的异域风情，这些西洋景在当时是非常昂贵的艺术品。上图中这件西洋景来自南美苏里南，是著名艺术家斯豪滕（Gerrit Schouten，1779—1839）1818 年制作的（图 3–14），他是荷兰殖民者和当地人的混血儿，特别擅长描绘苏里南丰富的植物群，为当时独树一帜的西洋景制造商。他制作的这件西洋景描绘了苏里南“杜”节的场景。“杜”节是具有政治色彩的节日，人们穿上代表各种社会角色的服装进行表演。中间身着 18 世纪西洋装束的偶人代表国王，其他偶人聚集在开敞的草棚下，奏乐跳舞，其中一共可以看到 13 种乐器。

馆中也有欧洲人的形象。展厅设置了几尊真人大小的蜡像，其中一个男子身倚长枪站在丛林中，他是殖民军副官威廉 · 克莱恩杰斯 [Willem（Himpies）van Kleyntjes]，殖民地小说中的著名人物。他违背母亲的意愿参加了荷兰殖民军，在战争中遇害了（图 3–15）。另一位身着方格裙子的金发女人，是著名的女传教士安娜 · 马尔塞文（Anna Elink van Maarseveen）。她背后

图3-15 殖民地军官蜡像（左）

图3-16 女传教士蜡像（右）

摆着十字架，手里拿着药瓶，脚下放着一个药箱。生活在热带的人经常冒着毒蛇咬伤或受到蚊虫叮咬，乃至传染虐疾的危险，因此传教士经常要担负起医生的职责（图 3-16）。这些蜡像表现的都是荷兰的印尼殖民史上的著名人物，他们每个人都用扩音器讲述着自己的故事。这是博物馆"向东方"殖民地展览的一部分，旨在引发人们对殖民历史的反思。

博物馆的蜡像中有一位特别的人物，与其他角色大不一样（图 3-17）。只见他满头银发，正在用手抚弄着几案上的贝壳，半睁的双眼失神地望向远方。几案右侧放着一摞厚厚的书本，旁边是一个地球仪。他背后的窗台上有阔叶草、海螺、珊瑚等海洋生物标本，墙壁上悬挂着动植物标本的图样。但这些东西他都"视而不见"，因为他是一个盲人！

这是一位痴迷于动植物研究的学者，叫朗佛埃斯（Georg Eberhard Rumphius），1627 年出生于德国。由于喜欢探险和旅行，他 26 岁来到爪哇岛，在荷兰东印度公司应聘了一个职位，定居在安汶岛直到去世。

朗佛埃斯有一颗好奇的心灵，又兼具科学家的理性、冒险家的勇敢与文学家的浪漫。他经常在东南亚的各个小岛上长途跋涉，采集各种各样的动植物标本。他曾用爪哇语、印度语、葡萄牙语、汉语和荷兰语为收藏的各种动植物命名。他给很多海贝取的名字都非常有趣，比如小的梦幻号角、王子的葬礼、农民音乐家和维纳斯竖琴等。

朗佛埃斯的人生命途多舛，他中年患青光眼双目失明，手稿和资料被大火烧毁，妻子和女儿死于海啸。他的作品手稿运送回国时，船只遭法国人袭击而沉没。后来重写的手稿终于到达荷兰，东印度公司却认为其中揭露了太多公司的信息，禁止出版。他把自己的生命全部投入到制作热带生物品种的图鉴中，在家人和助手的帮助下持续不断地写作。他完成了六大卷的植物学著作《安汶植物志》(*Herbarium Amboinense*)，这一作品在他去世 39 年之后才最终出版，至今仍被学者所引用。他的另一本重要著作叫《安汶珍奇屋》(*Amboinese Cabinet of Curiosities*)，主要是贝壳和螃蟹图鉴。除了对植物学的贡献，他还是一名人种志专家。他

图3-17 坐在馆里的动植物学家朗佛埃斯蜡像

图3—18 昆虫与贝壳标本

经常捍卫当地人民的权益，帮助他们反对殖民主义。

朗佛埃斯去世后，人们在安汶为他树立了纪念碑。英国人认为碑底下埋着金子，前去挖掘，将纪念碑毁坏了。1824 年，安汶总督又为他设立了第二个纪念碑，但是这个纪念碑又在“二战”中被炸毁了。命运对待朗佛埃斯似乎格外残酷，在他活着时，让他经历各种磨难，不能看到著作出版，而在他去世后，又屡次将他的纪念碑毁去，似乎不愿意他在世上留下痕迹。然而今天我们在热带博物馆，仍能偶遇这位 300 多年前的学者，又是何等奇妙啊。当人以坚韧的信念探寻知识边界，为人类认识世界作出贡献时，连残酷的命运也无法抹杀他所带来的深远影响！

蜡像周围的大厅里展示着丰富的动植物与矿物标本（图 3–18），正像朗佛埃斯的另一本著作的名字里的“珍奇屋”那样，摆满了让人好奇的古怪物品。“珍奇屋”（Cabinets of curiosities）又被翻译为“好奇柜”，是当时欧洲贵族的时尚，是用来收集世界各地的古怪事物的柜子或房间，堪称现代博物馆的雏形。最早开始制作“珍奇屋”的，就是这些科学家们。

热带雨林既是各种动植物的栖息地，也是科学考察研究工作者的天堂。除了朗佛埃斯，还有不少欧洲的科考工作者，也常在热带殖民地区考察动植物的类别和习性而延宕归期，有的学者长年住在印度尼西亚群岛上，甚至移居成为岛上的永久居民。

馆中可以看到贝壳、蜗牛、砗磲、小鸟、蝙蝠、昆虫和矿石等各种标本，了解不同地区的自然资源和生态环境。许多少年儿童都被展厅里稀有的虫、鱼、鸟、兽所吸引，流连忘返。

各方神灵

热带博物馆到处都有雕塑作品，有的抽象粗犷，有的形态逼真，有的古朴典雅。它们来自不同的地区和国家，创作于不同的时代，或是陪葬明器，或是各路菩萨和神灵，还有日常生活中的守护神。

1938 年，从鸟羽湖（Lake Toba）地区购得的一座蹲坐的石人，是印尼民间信仰中的守护神，通常被放置在村庄的边缘或田野中。这是一个女人的形象，两腿之间有个小的人形，头部丢失了（图 3–19）。她被认为是具有魔力的女神，可以防御灾难和敌人。她蹲坐的姿势与佛教、基督教等信仰中神像的姿势很不相同。这种姿势更加自然，人们相信婴儿在母亲腹中就是这种姿势，一些地方埋葬逝者也用这种姿势。这还是女性生产的姿势，给予人安全感。

石雕象头神甘尼萨（Ganesha），有四手两脚，他两脚相对，双目微合，坐在莲花座上。两只举着的手里分别握着串珠和斧头，向下的两只手里分别握着装糖果的碗和折断的象牙（图 3–20）。传说象头神写下了《摩诃婆罗多》史诗。当时没有纸，他就用芦苇

图3–19 印尼的守护神（左）

图3–20 象头神（右）

笔在棕榈叶上雕刻字母，但笔总是开裂，他于是折断自己的象牙，用它书写。这个雕像中两个牙的长度相同，并未损坏，但他手中还是握着一颗象牙。甘尼萨被认为是智慧之神，它在印度爪哇时期（8—16 世纪），尤其是中爪哇时期（约 730—930）尤其受欢迎。这类石雕经常放置在路口和峡谷前，向游客指示正确的道路。

博物馆中还有大量来自太平洋西部的岛国巴布亚新几内亚的木雕，由于数量巨大，许多只能通过数字屏幕观看。岛上的阿斯玛特族世代以雕刻为业，流传下来大量木雕作品。馆内收藏了 58 根巴布亚比斯柱雕塑，每根长达十多米，当时用于比斯节的祭祖仪式，已经传承了千余年（图 3–21、图 3–22）。柱上的各种图形都有独特的象征意义，表达了原住民对神秘世界的看法。

异域建筑与服装

荷兰人刚到热带地区的时候，当地多是处在原始状态的氏族部落。土著人的居住环境与西方人的习惯格格不入，古朴的传统建筑也给西方人带来极大的视觉冲击。为了展示这些热带地区传

图3-21 阿斯马特人的独木舟雕刻（右）

图3-22 雕刻独木舟的阿斯马特人（左）

统建筑的文化内涵和风格，热带博物馆在宽敞的馆舍里复制了许多原住居民的建筑模型，收集了大量原始的建筑构件（图 3-23、图 3-24）。其中有非洲、亚洲和南美洲的房舍，甚至整个村庄的村舍。这些建筑物无论采用夯土、石砌、木架或茅草，无不带着天然的质感，各有独特之美。它们展现了原住居民利用自然之物建立美好家园的聪明智慧。

除了房屋模型和建筑构件，服饰也是热带博物馆藏品的重要类别之一。各民族的服饰共两万多种，布置在不同的展台上。一些远离陆地的海岛原住民穿着极其简单，有的仅仅在腰间系根绳子，或以羽毛、兽皮、树叶遮挡住隐私部位。有的为防止雨淋暴晒，上身披着蓑衣，下身穿着草裙。那些较早开化地区的人们，服饰则较为多样化，一些节庆服饰更是华丽。有的用兽皮做成，有的采用珍稀羽毛装饰。这些纯手工制作的服饰各具特色，每件都是唯一，属于真正的“奇装异服”。

热带地区各民族部落间存在着巨大的差异，所以该馆的衣饰展品式样众多，穿在模特身上，千姿百态，十分好看。馆中还有原住民纺线织布的独特用具，如织出来的锦缎布匹，蜡染而成的布料图案，以及经过编织或裁剪缝制的各种服装（图 3-25）。不

图3-23 夯土建筑模型(左)

图3-24 雕刻精美的门窗(右)

少女式服装的衣料质地精良，剪裁与加工非常时尚。它们与模特头上、胸部与腰间的黄金珠宝饰品搭配起来，将女子打扮得如同皇后、王妃一般典雅尊贵。有些男性的服装也非常奇异，通身都被刺绣、花边和镶嵌物所覆盖，几乎看不出衣服的底料。

乐器剧院

热带博物馆有间乐器大厅，共展示了五千多件乐器，被称为“乐器剧院”。

这些乐器有的挂在墙上，有的悬在空中，有的放在地上。它们并不是出自某一个地区或国家，而是从亚洲、非洲和拉丁美洲诸多的殖民地搜罗来的。其中有用椰壳做成的砂槌、干葫芦制作的卡巴沙、芦苇杆制作的芦笛、兽角做成的长号和木块编排的木琴，都被打磨得光滑细腻，轻巧可爱。

馆内展出的打击乐器最为丰富。有钟、鼓、铃、锣、钹、木琴、碰铃、圈铃、手铃、棒铃、棒擦、木鱼、响棒、击板等。打击乐器中以鼓类最多。有大鼓、小鼓、手鼓、腰鼓、缸鼓、铃鼓、牛皮鼓、单面鼓和双面鼓等。它们都有精美的外形和艳丽的色彩。

有的乐器形似小船，是用于庆典、祭祀或节日表演的船形木琴（图 3-26）。有的外表像个葫芦，样子古怪，它是拉美的乐器

图3-25 原住民的服饰

锯琴，要用一根铁棍刮葫芦上的锯齿，发出乐声(图 3-27)。当然，其中还有钟、磬等我们熟悉的亚洲打击乐器。

非洲乐器中以鼓名气最大，不仅在大小、形制、音色、音质方面有多种区别，并且还有木头鼓、皮革鼓、腹皮鼓和传讯鼓等材质与功能的差异。非洲鼓的用途很多。不同的鼓和鼓声代表了不同的意义。有的用于部落召集，有的用于战争进退，有的用于歌舞伴奏，各氏族的鼓声都负载着独有的秘密。非洲鼓的制作也很讲究，用名贵的桃花心木料做鼓桶，用经过熏蒸防蛀处理后的上好兽皮做鼓面。有些鼓被绳索捆着，这些绳索和捆绑的方式也很有讲究。要求选择耐磨并能固音的绳索，然后绑成特定的纹路与绳结，才算是上乘的非洲鼓。

吹奏乐器在民间使用得非常广泛。馆内有原始的海螺与兽角，可能曾被海岛上的土著当作号角使用。还有几根长达两三米的管子，非常显眼，它们名叫“筒钦”，由佛家的法号演变而成，音量宏大雄壮，多用于大型庆典及接见宾客。热带地区盛产竹子，不仅可以制成竹笛与竹箫，还被截成长度不同的竹筒，捆绑起来制作成音色多样的排箫。

图3–26 船形木琴

馆内展出的弦乐器品种繁多，有古琴、古筝、琵琶、竖琴、弯琴、风琴、杨琴、独弦琴、月琴、胡琴、二胡、萨佩、吉他、拉巴布、阮与曼陀林等。其中古筝的体形较大，形象突出，有中国、日本与南亚等多种款式，各有其独特的外形。

馆里还能看到中国的乐器月琴（图 3–28）。月琴由古代的阮演变而成，多用来作为京剧或说唱的伴奏。这件二弦月琴 1910 年被博物馆收藏，是婆罗洲殖民地华侨的心爱之物。20 世纪初，它还被华人艺术家抱在怀中演奏，之后就捐到博物馆。我们在这里看到，真有他乡逢故知之感。这间展室还展示了插电的非洲弦乐器，属于现代音乐文化发展交流的新产物。

通过这些精美的乐器，仿佛可以看到工匠们打磨、调试时的专注身影；在一侧的机器中，可以听到艺术家们演奏这些乐器的优美韵律，让人联想到不同民族的人们在乐器伴奏下纵情欢歌、翩然起舞的姿态……

许多参观过热带博物馆的人都对它评价很高。最多的称赞就是好玩，有趣！是的，游人总是被千姿百态的展品吸引，很少有人探究它们的来历。精明的荷兰人使用“热带博物馆”取代了“殖

图3–27 锯琴（左）

图3–28 月琴（二弦）（右）

民地博物馆”的名称，又采用人类学的理论解说和展示这些来自于殖民地的物品。各种展品与原有的产地和环境分离后，时光的尘埃遮盖了它们背后的血泪，残酷的殖民史便被隐去了。好在这些“隐秘”仍然保留了一些蛛丝马迹，供有心的人细细追寻，诉说出曾经的伤痛，留给世人记取与评说。

4

ZAANSE SCHANS MUSEUMS

北境桃源　桑斯安斯风车村

距阿姆斯特丹西北郊15公里处，有一个叫桑斯安斯(Zaanse Schans，下文简称桑斯）的村庄，这里号称是世界最大的露天风车博物馆。不过游客们很少能记住这个村庄的名字，通常就称它为“风车村”（图4-1）。

风车村受荷兰政府资助，专门从事传统手工业的保护和展示。到风车村参观，除了露天风车群，还有钟表、木鞋、奶酪、咖啡、酿酒、面包和古船作坊等多家从事传统工艺制作兼展览的小型展览馆。过去荷兰人使用的许多物件都能在风车村里见到。村民们不仅将传统的生产方式展示给游客，也将传统风味的产品卖给游客。作坊主往往身兼多职，既是生产者，也是销售者，同时又是传统手工艺的保护者、继承者和宣传者，从而将风车村变成一处展示荷兰传统手工艺的宝地。

露天的风车博物馆

荷兰的风车、木鞋、郁金香和奶酪，合称为四大国宝，其中风车排位第一。风车是一种以风能为动力的机械，别名就叫风力机。只要风在吹，风车就能转。荷兰作为位于西风带上的临海低地国家，一年四季都有西风在吹。细心的荷兰人做了长期的观察记录，一年中风速在5米/秒以上的日子有320天，这在世界其他国家中非常罕见。在没有电动机械的古代，西风就成为一种天然的动力资源。

荷兰人为了更好地使用风能，发明出各种各样的风车。有草地风车、小型轴式风车、落地式风车、平台式风车、塔式风车、六边或八边木制顶动风车、圆形顶动风车等；他们还发明出具有不同功能的风车结构，使风车的用途更为广泛。比如，将风车磨盘

图4—1 桑斯河畔的风车群

变成碾子，将碾子变成磙子，将磙子变成钻子，又将钻子改为盛水的斗子甚至切割的锯子。于是，就有了磨坊风车、锯木风车、果酱风车、榨油风车和造纸风车等。17 世纪的荷兰，全国有近两万座风车，仅桑斯河畔就有一千多座。荷兰人使用这些风车实现了人类早期的工业机械化，成为当时世界上最富庶的国家。

19 世纪晚期，欧洲人发明了蒸汽机、内燃机和电动机。这些新型机械的动力都比风车强大，在荷兰盛行了五六百年的风车从此衰落，逐渐废弃了，连风车村的风车也日益减少。这让生活在低洼之地的荷兰人痛心疾首。他们忘不了祖上传下来的谚语："上帝创造了人，荷兰风车创造了陆地。"没有风车的荷兰还是荷兰吗？于是，在 20 世纪晚期，他们在全国成立了许多保护风车的民间组织，掀起一场自下而上的保护风车运动，推动政府制定保护风车的政策。最终由国家出资扶持，将保留风车最多的小孩堤防（Kinderdijk）和桑斯这两个村镇，打造为风车旅游地。

既然荷兰人如此深爱他们的国宝风车，为什么不为风车建造一座博物馆呢？这是因为风车的体量太庞大了。风车叶轮需要安装在地势高、风势大的地方，还需要有配套的机械加工装置和车

图4-2 风景如画的风车村

间。所以荷兰人通常把风车上部的叶轮架在两三层高的车间屋顶上，下部的机车安装在车间内部。为了使安装叶轮的基座能抵挡叶轮的长期摇动，他们把机房设计得像碉堡般浑厚坚固，风车与建筑合为一体，高大雄伟。如此一来，荷兰人干脆把广阔大地当作风车的展台，把蓝天白云看作它的棚屋，桑斯村就是这样一座露天的风车博物馆。1994 年，荷兰人在桑斯首个磨坊旁边成立了桑斯博物馆（Zaans Museum）。随着前来参观的游客越来越多，“风车村”的名气也越来越响亮（图 4-2）。

踏上桑斯河的大桥，远远的就能看到河对岸一排雄壮的风车。风车村如今有八座风车，桑斯河岸边有六座，其他两座建在村外较远的地方。这些风车建于 16—19 世纪之间，从外观到功能各有不同（图 4-3、图 4-4）。车身有塔式的、箱式的、四棱的和六棱的。塔式车身多为砖石结构，箱式车身采用木质或金属材料。风车顶部的叶轮有四翼的，也有三翼的；即便同是四翼风车，叶片的长短、宽窄和色彩装饰也会有差异。

这些风车都有自己的名字，如探寻者、猫、男仆、加冕的普伦堡、小绵羊等。不同的风车作坊从事不同的业务，有碾米、榨油、

图4–3、图4–4 式样各异的风车（左、右）

矿物颜料、香料磨坊等，还有两座风车用来锯木和排水。每座风车下部都是一个加工车间。车间内部的设施基本有两种功用，一是机械生产，二是作为食宿场所。我们在各家风车屋里看到了机械用具，还有日用的锅灶和床铺。风车可以日夜不停地干活，但管风车的人需要吃饭和睡觉，因此风车主就住在风车屋内，提高劳动的效率。

风车用途的差别主要看下部安装的机械装置。有的碾米，有的磨面，加工不同的原料就安装不同的机械装置。碾轧谷物的风车安装石头磙子，榨油的风车安装两个大石轮子，制作香料和颜料的风车则用木头轮子。当年的生产设施如今变成露天博物馆中供人们观瞻的展品，那些拆卸下来的风车配件也成为雕塑小品，被村民用作公共空间和自家宅院的装饰（图4—5）。

如今是动力多元化的时代，古老的风车都退休了，人们不需要建造新风车来从事生产。不过，风车村的人仍然保持着制作风车的热情。他们在村子的要道上树立风车雕塑，在礼品店里摆放各种风车玩具和绘有风车的小商品。荷兰的国宝风车仍然惠及着这里的人们，凭借着独特的风情赢得游人的喜爱。从世界各地来

图4–5 风车房内的机械装置和设施（左）

图4–6 风车房内的船舶模型（右）

到风车村的人，都会选取几种装饰着风车图案的物品，或是带一件体积小巧的风车玩具作为纪念（图 4–6）。

时间博物馆

风车村的时间博物馆（Zaanse Time Museum）坐落在秀丽的桑斯河畔。博物馆的名字令人好奇，我们非常想去看看，“时间”是怎样被装进博物馆的。

时间是什么？古往今来许多哲人都曾讨论过这个问题。人们看到日夜更替，花开花落，四季流转，便想要捕捉时间的影子。在物理学与现代宇宙论中，时间就是物质的运动和能量的传递，也就是物体的生灭排序。时间指向“永远向前”的增量，并且总是正数。时间，就像一根挥之不去的魔绳，一直缠绕在我们的生活里。

时间既然是正数，那它能够被计量吗？能够被控制吗？在历史上人们是怎样计量和管理时间的呢？我们旅途中到处都能看到与时间息息相关的事物——钟表。在广场、街头或教堂内，布置着塔钟、天文钟、世界时钟和花坛钟等大钟，钟表商店里有各种各样的腕表、袋表、怀表、闹钟、挂钟、座钟、扭摆钟、落地钟等小钟。这些样式各异的钟表宛如放置在时光隧道里的奇妙容器，装载着人类对时间的思考、测量、管理和利用。

风车村的时间博物馆也是通过这些奇妙的计时器，来捕捉时间的踪影。时间博物馆虽然不及瑞士的日内瓦钟表博物馆和法国的贝桑松时钟博物馆有名，却同样收藏了世界上许多古老的钟表。在这里几乎可以看到人类不同时代研制的各种钟表和计时器，甚至还有两件来自中国古代的龙舟火闹钟和沙漏。

博物馆的馆舍是一座17世纪的历史建筑。它原本是附近地区的老住宅，后来被整体搬迁至此。尚未进入博物馆的小楼，就会见到楼旁河边人类早期的计时器——日晷，它与楼内大厅墙壁上雕刻有皇帝、英雄、正义和死神的现代挂钟遥相呼应(图4–7)。

“日晷”本是中国人对太阳计时钟的称谓，其中的“晷”字意指太阳的影子。它的英文名称叫“sundial”，意思是观测日影的天文仪器，与汉语词义相近。日晷是人类早期利用天文原理计时的工具之一，制作方法很简单，在一个物体平面上标上刻度，就可根据日影的移动来测定时间。该馆的这座日晷是西方赤道式日晷的复制品。日晷的晷面与赤道平行，晷针平行于地球自转轴，通过观察轴投影在圆盘上的刻度来判断时间。它看上去很简陋，但可以让我们了解西方人早期研制时钟的状况。

图4–7 时间博物馆

图4–8 带有埃及文字的盆形水钟

馆内一楼的展台上有一个米黄色的大盆子（图 4–8），盆壁刻着许多奇怪的字符。难道这也与钟表有关吗？原来这是一种用水计时的水钟，中国人称它为“漏壶（刻漏）”。利用太阳光线影射计时的日晷只能在白天或晴天使用，到了夜间与阴雨天要如何计时呢？“水钟”就是古人为解决这个问题设计出来的。在各大文明古国中，印度、埃及、中国和希腊都曾制造过各种各样的水钟。图中这个用沙陶制作的盆形水钟来自古埃及，水钟内部有古老的象形文字。容器里面标有刻度，盆底留有小孔，根据水位下降的刻度可观察时间的变化。

另一件器物是一个四柱小木架，中间嵌入了两个口对口的瓶子，它是做什么用呢？它有点像中国的“沙漏”。沙漏与水钟的工作原理相同，只是计时的媒介由液体的水变成固体的沙子。漏壶中的水虽然能在夜晚或雨天计时，但也有不足，遇到寒冷的冬天水结成冰，漏壶便罢工了。因此古人又发明了沙漏，利用沙子从一个容器流入另一个容器来计时，也被称作“沙钟”。还有一种方法是在蜡烛上标注刻度，根据蜡烛燃烧了多少，来掌握时间，有点像中国古代的焚香计时。

图4–9 沙漏、蜡烛和龙舟火闹钟

小方桌上这只神秘怪钟来自中国。它的上部是一条翘首翘尾的小龙，顺着龙头到龙尾安放有一根香火，香火上系着几条长短不一的细线，每条线旁都标着记号，下面挂着钢珠。小龙下面放着一个金属盘子。香火点燃就开始计时，燃烧过程中系在龙舟上的细线一条条被烧断，线上的钢珠就落到盘子里，发出清脆悦耳的响声。中国人把这种计时器称为“龙舟报时火闹钟”(图 4–9)。火闹钟旁边贴有标签，写着 1700 年来自中国，属于一家历史悠久的荷兰公司。它是中国什么时代制作的? 又是怎样万里迢迢来到桑斯这个荷兰小村庄呢? 这些都只能靠想象了。

古老的日晷、漏壶之类的计时器都不能准确地计算时间。最让荷兰人骄傲的，为人类准确计算时间做出重大贡献的是一位荷兰科学家。欧洲人从 13 世纪开始使用机械钟计时，但直到 17 世纪，即使世界上最精确的机械钟，每天也会产生 15 分钟的误差(图 4–10、图 4–11)。荷兰科学家克里斯蒂安 · 惠更斯(Christiaan Huygens)从伽利略对等时性的研究得到启发，发明了摆钟，利用钟摆代替重力齿轮。摆钟问世后立即风靡欧洲，直到 20 世纪 30 年代电子钟表发明以前，惠更斯的摆钟一直是世界上最精确

图4–10 机械钟（左）

图4–11 机械挂钟（中）

图4–12 带有航海场景的表盘（右）

的计时器。

惠更斯发明摆钟后并未停滞不前。摆钟虽然精确，但需要稳定放置才能准确计时，无法在颠簸的船上使用。为了解决这个问题，他又利用弹簧摆轮往复运动的等时性，发明了弹簧摆轮的钟表。这项发明使钟表变得更为小巧，可以做成座钟和怀表，最终英国钟表匠约翰·哈里森（John Harrison）在此基础上发明了航海钟。航海钟不仅能精确地显示时间，测定海平面的纬度，确定轮船在海上的方位，抵御风浪的震动与不同区域的温差带来的误差，还能通过观测月相来预报海潮的涨落。

博物馆里有前惠更斯时代使用重力齿轮带动指针的机械钟，更多的则是惠更斯发明的摆钟。特别吸引人的展品是那些古董老爷钟，很多来自17—18世纪。它们都有着庄重典雅的外观，装饰着雕刻，表盘上常设置机械驱动的场景，每次报时表盘上的场景就会活动起来（图4–12）。

一座老爷钟顶部有一尊镀金雕像，是擎天巨神阿特拉斯背着一个天球。它取材于希腊神话，泰坦神族有一位大力神阿特拉斯，他曾支持巨人族反抗众神之王宙斯，失败后遭到宙斯的惩罚，被罚用双肩把天球扛在背上。在欧洲许多地方都能见到这种雕像，

图4-13 修表工具桌

欧洲人称为“阿特拉斯扛天”。这座钟表上的阿特拉斯肩上的天球与其他天球有所不同，这个球上刻着十二星座和天象图浮雕。阿特拉斯左右还站着一对镀金天使，她们已经展开翅膀，抬起双臂，正要飞往世间传达上帝的旨意。从钟表盘上装饰的风车景致可知，它应该是荷兰本地的产品。

除了大型的机械钟、摆钟和挂钟，馆内还有各式各样精巧的家用小座钟，有些小座钟用代尔夫特的蓝瓷制成，非常别致。很多座钟不仅能准确地显示时间，而且本身就是精美的艺术品，为家庭生活增添了许多趣味。

时间博物馆里还陈列着许多的制表工具，兼有制表、修表、展览和出售钟表的多种功能（图 4-13）。在风车村这座两层的博物馆里，偶遇这些式样奇异，做工精美的钟表，并由此回顾人类与时间的复杂关系，实在是一种意外之喜。

木鞋作坊和鞋博物馆

风车村的木鞋制作十分有名。来到木鞋作坊(Clog workshop)，我们立即被门外那只像小船一般的木鞋吸引，鞋里坐上三四个孩子丝毫也不挤，游人们都排队等待跳进去拍照留念(图 4-14)。

图4-14 风车村的大鞋子（左）

图4-15 传统手工木鞋（右）

木鞋作坊位于一个18世纪50年代建造的烟草仓库里，仓库名字叫"恐惧"（De Vreede），但里面非常温馨，一点也不恐怖。

风车村制作木鞋的历史十分悠久。在以低地著称的荷兰，堪称地势最低的地方，经常海水泛滥，道路与田间非常泥泞。因此本村的先祖很早就穿木鞋来对付这种特殊的生活环境。后来木鞋工艺在这片湿地里受到推崇，发扬光大。

木鞋使用木质松软的杨木制作，既便宜又耐用。每家自己种树，自己做鞋，取材容易。木鞋隔水，穿上在田间劳作既方便又结实，里边若再套上软布鞋或厚袜，便能更好地保护双脚。

传统的木鞋都是用手工制作（图4-15）。唯有灵巧的双手才能做出精美的木鞋，所以在荷兰习俗里，男人求婚之前都要先自制一双木鞋送给姑娘，女方根据木鞋的优劣判断男人的拙巧，选择新郎。当时手工制作一双木鞋需要两三天时间。后来荷兰人发明出专制木鞋的机器，一双木鞋仅用3分钟就能做好。

这个木鞋作坊的功能很多，既是博物馆展室，也是木鞋加工厂兼商店。作坊里展示着各种祖传的制鞋工具和鞋子。制鞋的工人师傅又兼博物馆员，一边为游客演示制鞋过程，一边介绍历史与工序，并且还向游客推销木鞋。只见他切下一块木头放在机床上，转眼间一双木鞋就制成了（图4-16）。

图4–16 作坊主演示木鞋制作的过程（左）

图4–17 不同尺码与花色的木鞋（右）

这家作坊的墙壁上挂满了各种色彩的木鞋。它们有不同的尺码，可供不同的人群试穿购买（图 4–17）。作坊前部的货架上摆放的小木鞋子，则是用于把玩和观赏的工艺品。它们同风车和郁金香一样，都是精美打造的旅游纪念品。有的木鞋大小像一个带壳的花生，可以串在钥匙扣上。由于好玩又好带，前来游玩的各国友人都捂不住自己的钱包，争相购买，这些小玩意儿便随着游客分散到世界各地。

奶酪作坊

如果说由于科技进步，风车退出了历史舞台，那么奶酪则堪称荷兰长盛不衰的国宝。在风车村诸多的工坊中，奶酪作坊（Catharina Hoeve Cheese Farm）是其中最具特色的一种。奶酪是荷兰人每餐必备的佐餐食品，被列为四大国宝之一。荷兰的畜牧业非常发达，每年将大量的奶酪产品出口到世界各地，因而被称为“奶酪之国”。如今奶酪生产已进入到工厂自动化生产阶段，但荷兰人仍保留了一部分手工作坊，展示他们的传统手艺，并以此促进荷兰的旅游观光事业。

风车村的奶酪作坊完全仿建了附近奥斯赞（Oostzaan）地

图4—18 奶酪作坊

区的一个农场作坊，与木鞋作坊相似，也兼有生产、展示和销售的多重功能。

走进奶酪作坊，首先映入眼帘的是制作奶酪的巨大木桶。作坊主兼讲解员向观众介绍制作奶酪的各种工具和制作流程：先把牛奶放在木桶里发酵成絮状，搅拌后放进加热的容器里凝固成型，然后放入盐水浸泡榨成奶酪饼，最后包上一层食用蜡纸密封起来即成。奶酪的样子根据食用环境不同，制作成大小各异的形体。个头大的像面盆，小的像茶杯或小碗。成型后放在货架上风干半年多时间，就可以长期保存了（图 4—18）。

以前，善于航海的荷兰人每次出海，都要带上大量的奶酪，以备在漫长的旅途中佐餐。如今，很多人到荷兰旅游时，奶酪也成为深受喜爱的风味食品。荷兰人还特意制作出适合东方人口味的咸香型奶酪。尽管东方人多数吃不惯奶酪，但在作坊里参观时，各种品牌的奶酪切成小片装在一个个盘子里任人品尝，当你一一尝过之后，常常会忍不住购买几种可口的产品。

桑斯博物馆

风车村里除了富有特色的专业化的袖珍作坊式展馆，还有一座规模较大的桑斯博物馆（Zaans Museum）。该馆占地16 500平方米，1994年建成，展品之丰富足可媲美一般的县市博物馆。馆内全方位地展示了风车村的历史，介绍了这个村庄自16世纪以来，利用风车在造船、造纸、酿酒、制鞋等制造业方面，面粉、榨油、咖啡、香料、奶酪、油漆等加工业方面所取得的成就。展品包括耕作的农具、制造海船的工具、航海的航模、居家饮食的炊具、婴儿的摇篮、妇女的服饰、酿酒和酿醋的坛坛罐罐等日用物件。

馆内还介绍了些趣闻轶事。这个村庄在17世纪晚期，因为工业的快速发展而让他们的邻居——俄国的沙皇彼得一世十分羡慕。急于发展俄国工业的彼得大帝甚至一度隐姓埋名，来到桑斯的造船作坊做工，学习造船技术。当地生产的羊皮纸名气也很大，美国的《独立宣言》据说当初就是写在桑斯河畔制造的羊皮纸上。

该馆的墙壁上挂满了各个时代的画家们以桑斯风车村为背景绘制的风景画，它们记录了数百年间桑斯一如既往的秀丽田园风光。这些作品有一个共同点：画家绘画的时候，通常都要在远景里画上风车，使它们同蓝天白云融为一体，构成壮阔的画面。博物馆收藏了一幅莫奈的风景画，他曾于1871年在桑斯居住过四个月以寻找灵感，画面远景地平线上风车和宽阔水面上的帆船都宛如今日桑斯的风景（图4–19）。

既然是“风车村”的博物馆，其展品自然要体现出自己的特色，核心展品便是风车及其附属物品。馆内辟出大量的空间，收

图4-19 莫奈笔下的桑斯风车村（右上）

图4-20 风车锯木厂模型（左）

图4-21 本地民居结构模型（右下）

藏展示各种小型风车及其模型，让人对荷兰风车的发展变化形成系统的认识（图 4-20、图 4-21）。

桑斯博物馆只是一个村级的博物馆，但也许是由于村民特别富裕，建馆仅仅十余年，一万多平方米的馆舍已经不够用了。2009 年，他们对博物馆进行了扩建，增加了制作巧克力、甜点和蜡烛的三条传统工艺生产线，并开设了桶匠作坊、“Jisper”之家和织工之家三个展厅，利用新的数字技术展示可算世界最早的工业区桑斯村的发展历史、当地各大公司的工业遗产以及风车排水和加工制造的操作流程。

新增的传统工艺展品包括巧克力和甜点两条生产线。这是桑斯博物馆与荷兰国产名牌“Verkade”巧克力厂家合作，推出的巧克力体验之旅。它不仅展示巧克力和各式甜点的制作过程，还可以让观众亲自制作喜欢的巧克力或甜点。人们在馆内可以随意品尝或购买，既给人们品尝和制作美味的快乐体验，也给厂家带来了火爆的生意。

图4–22 博物馆内的巧克力生产线

在风车村，除了各种各样的特色博物馆，还可以参观当地独特的古村风貌。这个村落自身，就是一处露天的民居博物馆。1961 年到 1974 年间，当地人曾用拖车将附近工业区准备拆除的老房子移建到这里，使风车村一直保留着 18 世纪的建筑风格。木制的房屋结构小巧，墙壁大多用绿色或蓝色的油漆涂抹，房子上的窗户用白色的框架镶边，屋顶配以红色或灰色的瓦盖，这些民居蕴含着浓郁的童话趣味与古朴风情，难怪会被游客赞誉为“天堂小镇”。

5

MUSEUM SPEELKLOK

奏乐！鞠躬！乌得勒支音乐盒博物馆

乌得勒支古城的运河与大教堂，是游人们反复称颂的风景。在距离大教堂不远的老房子里，藏着一座音乐钟与管风琴博物馆（Museum Speelklok）。它别具特色，但知道它的人却不多。这家博物馆的藏品主要是各种各样的音乐盒，因此又被称为“音乐盒博物馆”（图 5–1）。而荷兰语中的“Speelklok”就是音乐钟的意思。

音乐盒博物馆由一座 16 世纪的教区老教堂改建而成，内部分为两层，收藏着 15 世纪以来的各种自动乐器。从展品制作的时代、体积以及工艺水平来看，大致可分为自动演奏乐器、多功能音乐钟、外观庞大华丽的管风琴和精美小巧的玩偶音乐盒四个类别。其中最大的音乐机械是一座街头管风琴，像个小房子，有 3 米多高，4 米多宽，里边组合了管风琴、手风琴、小提琴、长号以及多种打击乐器，几乎相当于一个功能齐全的自动小乐队；最小的乐器则是放在手掌中把玩的音乐盒。虽然这些乐器有大有小，却同样能给人们带来美妙的声乐和无尽的乐趣。

图5–1 音乐盒博物馆入口

自动乐器：从教堂钟塔到音乐钟

自动乐器是一种能自动演奏音乐的机械装置。早期的自动乐器并不完全是“自动”的。近代之前，由于没有电力机械装置，虽然可以设置演奏音乐的机械程序，但运转的动力却是人力。早期的自动乐器是人力驱动的复杂机械，利用手动的转动摇柄、杠杆、绳索以及手转发条等装置，来播放乐曲或进行木偶表演。

欧洲人发明自动音乐演奏机的热情，始于 14 世纪初期的文艺复兴时代，是由教堂钟塔的大吊钟转变而来的。当时欧洲笃信宗教的人很多，他们每周、每天都要按约定时间一起做弥撒。当时普通人家没有钟表，教堂的钟声就成为重要的报时器械。但钟声难以表示出不同的时间，只能作出约定，敲击几下表示几点。这样的报时方式既单调又容易出错。为了改变这种状况，钟表匠尝试出一种新的办法，即使用不同的音乐来代替钟声，由此发明出挂在教堂钟塔上的组钟。

组钟乐声动人，但是需要人力演奏，每天重复，非常麻烦。能否让钟声自动演奏音乐呢？经过不懈的探索，聪明的钟表匠利

图5–2 用手柄驱动的音乐鼓（左）

图5–3 用手柄驱动的音乐钟（右）

用滑轮装置，制作出自动演奏音乐的组钟来。

博物馆里展示出的最简易的音乐盒，演示了乐器自动演奏的奥秘。如一件手柄驱动的音乐鼓，如果想听到美妙的鼓声，就得摇动手柄，由大轮上的绳索牵动小轮，经过多重传导，让挂在架子上的音乐鼓敲响，演奏出音乐（图 5–2）。它旁边还有一款音乐钟。手柄里的木磙子上缠绕着长长的绳子。通过绳子带动大磙子、小磙子和齿轮，转动编制了音乐程序的滚筒，最后才能驱动钟铃（图 5–3）。

还有的乐曲被编制在一张金属圆盘上，用一根手摇铁轴带动齿轮转动。圆盘上的钢齿编排了弹奏乐曲的程序，摇动手柄，钢齿拨动乐盘上方有点像手指的钢梳，发出高低不同的音符，随着乐盘的转动，乐曲就演奏出来。

用来奏响教堂组钟的音乐盘形体巨大，若非通过博物馆员的介绍和演奏，我们很难把这些粗犷的齿轮与动听的音乐联系起来。教堂使用的自动演奏器也需要用手柄转动齿轮，乐谱就编排在机器中间的大圆筒上。圆筒上的钢齿带动敲响不同音调的绳

图5–4 教堂使用的自动演奏器

图5-5 演奏音乐的机械齿轮

索，在不同的时间，演奏不同的旋律，从此教堂的钟塔便可以用优美的音乐召唤信徒们（图 5–4、图 5–5）。

这种既动听又实用的音乐钟面世后，很快成为时尚。此后的五百多年间，荷兰许多教堂的钟塔和市政大厅都有这种音乐组钟。组钟奏完音乐后，其中最大的那个会打点报时，告诉人们白天或黑夜的具体时间。

这种教堂音乐钟曾一度风靡荷兰、比利时、法国和德国等国家的许多城市。后来欧洲的有钱人家，想在家里也安装教堂里的那种报时钟，但教堂里的组钟太大，不适宜家用，于是工匠们又对教堂组钟进行改造，相继发明出各种各样的小型音乐钟。

博物馆里有一台雅各马兹钟，制作于 1480 年（图 5–6）。它在自动乐器中非常古老，名气也很大，被视为家用音乐钟的早期代表。

这台哥特式挂钟里安装了自动机械“组铃”。组铃是按音阶高低排列出来的。它既能自动奏出不同的旋律，又能按点报时。自动演奏的乐谱编排在一个打了许多钉片的滚筒上。滚筒旋转时，锤子不停敲打钉片，音乐就响了起来。乐谱可以通过重新排列钉片来改换，每小时演奏一支曲子。曲尽之后，旁边的两个木偶就用锤子敲打它们中间的铃铛来报时。荷兰人把这台音乐钟称作“雅各马兹”，意思是“手持锤子的人”。它被视为世界上最古老的，并且至今仍能自动演奏的音乐钟。

随着时间的推移，自动乐器一直朝着功能多样、外观美化的方向发展。博物馆里有一台舒尔茨音乐钟，曾在18世纪中期名噪一时。

舒尔茨音乐钟是荷兰人舒尔茨在1760年研制出来的。它一面世，立即得到荷兰商人的厚爱。荷兰是一个海上贸易大国，舒尔茨钟满足了航海商人的兴趣。钟表上方设置了一幅大海和帆船的画面，钟摆与帆船连接在一起，只要钟摆能摆动，大海中的航船就会随着钟摆不停地航行。钟表的圆盘上组装了能显示月份、月相、星期、日期和时间变化的多功能指针和图示，它能够让在海上航行的人非常方便地掌握海潮起落的规律。这个多功能钟表的下方，设置了一只竖长形的箱子。这只箱子可不是一个用于放置座钟的空架子，它的里面组装了17个乐铃和31个锤子，并配置了人们喜欢的乐谱。每隔半小时，舒尔茨钟便演奏出一支优雅

图5–6 雅各马兹音乐钟

图5-7 各种音乐钟

的曲子。对于长期在海上航行的人来说，这些功能不仅能提供许多实际的用途，更为漫长而单调的海上生活增添了许多乐趣。有些人后来不再远航，但他们仍然喜欢在自家客厅里放置一座舒尔茨音乐钟，将拥有它视为成功荷兰商人的标志（图 5–7）。

盒子里的交响乐团

除了通报时间，人们越来越渴求在家中也能随时欣赏美妙的音乐，于是各种各样的小型自动演奏乐器被发明了出来。乌得勒支音乐盒博物馆另一个重要的收藏，是奏铃台面音乐钟（图 5–8），是 1790 年荷兰一个佚名的工匠发明的。它共有 14 个乐铃，18 个锤子，通过敲打多个铃铛奏出美妙的音乐。因为它配有很多锤子，能够连贯快速地反复敲击，所以演奏出的曲调特别欢快、激扬。

一般来说，组铃较多的音乐盒都会形体庞大，占据很多的空间，但这座音乐钟却与众不同，它体积不大，音响效果却很精良。工匠将许多铃铛串成一排，从大到小依次排列，后面的小铃铛被巧妙地套放在前面大些的铃铛的凹槽里。这种安装方法叫“组

图5-8 奏铃台面音乐钟

铃”，发明之后，便被许多音乐盒所采用。它的优点除了不占用太多的空间，还能同时演奏出多种曲子。其工作原理是将曲子的乐谱挨个儿编排在滚筒上，滚筒每转动一圈就奏出一支曲子。然后将滚筒由左向右移动一点儿再次旋转，由另一套钉片击打铃铛，就会奏出另一支曲子。这样一来，从左到右一次次地偏移滚筒，每循环一次就能奏出 6 支不同的曲子。

除了乐铃，台面音乐钟上也开始加入各种乐器，将不同的音色结合在一起，构成一个小型的桌上乐团。我们特别感兴趣的是一组台面音乐钟，中间装饰着三个中国乐师人偶，这些人偶是当时没见过东方人的工匠按照想象制作的，让我们感到既熟悉又陌生，充满趣味（图 5-9、图 5-10）。

随着台式自动演奏乐器越来越复杂，体积也变得越来越巨大，一些演奏机还将真正的乐器组合进来。这家博物馆的镇馆之宝是一座胡普费尔德提琴唱机，是德国莱比锡的胡普费尔德公司研制的（图 5-11）。这是一架由自动钢琴和三把小提琴组装起来的自动乐器，当初是为奢华的夜总会专门设计的。为了让夜总会的客人们能通宵达旦地尽情跳舞，而不必劳顿乐队的人整夜伴

图5–9 西方工匠想象中的中国乐师（上）

图5–10 中国乐师台面奏铃（下）

奏，工匠们创造出这种无需人力操作的自动唱机。这架提琴唱机的上部安装着三把小提琴，共用一支会旋转的弓来演奏。用“小指头”按压提琴琴颈上不同的音位，琴弓可以根据音乐的缓急变换，使用不同的速度和力道（图 5–12）。唱机下部安装了一台能自动弹奏的钢琴，可以与上部的三把小提琴一起合奏，美妙的乐曲就从这部自动唱机中源源不断地流淌出来。

1910 年，胡普费尔德公司将这架提琴唱机搬到布鲁塞尔的世界展览会上参展。观众们亲眼看到这台无需操作就能实现一个管弦乐队功能的自动提琴唱机，亲耳听到它流淌出的毫不逊色于提琴手的美妙乐章，无不为之惊叹，称赞它是世界上最复杂的自动乐器，甚至有人把它列为“世界第八奇迹”。后来这架神奇的乐器，就成为乌得勒支音乐盒博物馆最珍贵的收藏。

图5–11 胡普费尔德提琴唱机（左）

图5–12 胡普费尔德唱机中的提琴（右）

在家里听音乐！

能够自动演奏的乐器虽然激动人心，但是价格昂贵，又难以维护。1796 年 2 月 15 日，日内瓦的安托万 · 法夫尔（Antoine Favre）注册了一项新专利，叫做“没有锤子和铃铛的钟琴”，这就是世界上最早的音乐盒。这个发明一经问世，便大获成功。它可以演奏多个种类的音乐，占用空间少，生产成本也相对较低。中产阶级终于可以在家里随时欣赏音乐了！

最早的音乐盒大多产自瑞士的汝拉州。该州有悠久的制表传统，为音乐盒的制作创造了绝好的条件。日内瓦是钟表生产的中心，早期欧洲的有钱人来瑞士游玩，都会带回音乐盒，作为纪念品（图 5–13）。

瑞士音乐盒制造商之间的竞争日益激烈。每个人都想领先他人并保持创新。这促生出许多新的音乐盒产品，能够演奏更复杂的音乐，具备更多的奇特功能。博物馆里有一个妮可 · 弗雷斯（Nicole Frres）创作的“变奏箱”，可以演奏各种不同的旋律。

图5–13 早期的音乐盒

这些发明直接导致了后世点唱机的诞生。看看这些早期放在箱子里的音乐盒，确实很像老式的点唱机（图 5–14）。那金属的音乐盘，不就是后来唱片的先祖吗？

我们见过老式的唱片机，但看到穿了孔的金属唱片和纸唱片还是第一次。在唱片机问世之前，这些唱片装在特制的机械盒子中，通过摩擦演奏出动听的乐曲，已经和后来常见的留声机非常相似了（图 5–15）。

馆内还有一个盒子，装了一本黄纸板折叠而成的书本，书页上面打了好多窟窿。这本打孔书是供乐器自动演奏的乐谱，被称作“音乐书”。音乐书的优点是音乐程序的长度不受限制，材料便宜且制作简单；但也有致命的缺点，它非常脆弱，乐谱需要一遍遍被演奏梳摩擦，很容易损坏。博物馆有一些书本音乐盒，其中别具特色的一个是带钟表的书本音乐盒，它是德国鲁道尔施塔特的里克特（FA Richter）公司于 1900 年左右制作的“莱博林”（Libellion，图 5–16）。

用纸板这种脆弱的材质来做乐器和乐谱，居然也能演奏出悠扬的乐曲，实在是一种奇迹（图 5–17）。它们虽然粗重，却承

图5—14 用金属唱片的早期音乐变奏箱（左上）

图5—15 使用金属唱片的留声机（右上）

图5—16 用打孔硬纸制作的音乐书“莱博林”（左下）

图5—17 使用纸唱片的留声机（右下）

载着无数音乐人的聪明才智！今天的自动钢琴仍然是利用方孔纸上的窟窿拉动琴键实现自动弹奏的。从博物馆珍藏的这些早期演奏器可以看出，精美的现代播放器的发展历程是何等的曲折漫长，得之不易。

风琴一响，上街跳舞

管风琴是世界上古老的乐器之一。它庞大、昂贵、复杂，音域非常宽广，音质十分优美，因此被称为乐器之王。欧洲人通常把管风琴安装在教堂内，供演奏宗教音乐使用。乌得勒支音乐盒博物馆收藏的管风琴，与欧洲教堂大体积的管风琴有所不同，它是将音乐盒与管风琴的优点结合起来，改造而成的一种特殊的音乐盒式管风琴。发明者在外观精美的音乐盒内部装进复杂的管风琴组件，使它既像音乐盒一样秀美、轻便、便于移动，又像管风琴一样具有宽广而又动听的音响效果。

早期的管风琴和前面提到的台面奏铃类似，只是在组合乐器中加入了小型管风琴风管，在沙龙中使用。管风琴发声需要风箱向风管供应空气，同时要使音乐程序（气缸、纸卷或风琴本）不断运动来读取音乐，因此需要转动机关，可以手动，也可以借助配重、弹簧或电机来实现。

博物馆内的早期自动管风琴，包括来自巴黎的达夫兰维尔（Davrainville）和阿姆斯特丹的温克尔（Diederich Nicolaus Winkel）等制造商的沙龙管风琴，其中一组美丽的小型管风琴，昵称为“女士”（Lady，图 5–18）。温克尔是节拍器的发明者，后来梅尔泽尔（Maelzel）注册了这项发明。英格兰也制作过许多自动管风琴，用在教堂中，为弥撒演奏圣经诗篇和世俗音乐的曲目。稍大一点的管风琴可以被流浪歌手背在胸前，为演唱伴奏，贫困的荷兰艺人们平日就背着它走街串巷，演出谋生，他们创作的歌曲现在还在荷兰乃至整个欧洲传唱（图 5–19）。

图5–18 早期的小型管风琴“女士”

图5—19 馆员展示管风琴音乐的歌曲

随着自动管风琴的功能越来越复杂，管风琴内部安装的发音管数量越来越多，最多的达两千多个，少的也有几十个，键盘也由两层或三层组装而成。数量如此多的组件都装进一个盒子里，因此这种"音乐盒" 十分庞大。为了便于移动，人们还为这种音乐盒式管风琴量身打造出配套的小车，这样它们便可以推到任何地方使用。更重要的是，这种管风琴不需要专业的操琴手在现场弹奏，就能让人们享受到同样的音乐体验（图 5—20）。

1892 年，加维奥利（Anselmo Gavioli）注册了带有音乐书系统的街头风琴的专利，引入了风琴音乐书，取代昂贵且笨重的金属音乐轮，从而在发条盒风琴领域掀起了一场革命。52 键的"加斯帕里尼"（Gasparini）是博物馆收藏中的早期音乐书系统管风琴（图 5—21）。当时这个管风琴的宣传语是"加斯帕里尼管风琴乐团"，它可以演奏由 20 名成员组成的乐队演奏的音乐。加斯帕里尼是阿姆斯特丹街头风琴租赁公司沃妮斯（Leon Warnies）进口的首批音乐书风琴之一。1875 年，莱昂 · 沃妮斯成立了管风琴出租公司，成为荷兰街头风琴文化的基石，在 1920 年到 1940 年间达到顶峰。

图5–20 富于荷兰特色的街头管风琴收藏

1932 年，佩里（Perlee）家族接管了沃妮斯公司的业务，他们将 1925 年制造的管风琴“阿拉伯人”（图 5–22）重新整修，绘上了自己家族的名字。这架街头风琴两侧绘制了一对阿拉伯男女，盒子中间还设计了一个舞台，舞台上站着一群人偶演员，五个木偶能够根据音乐的节奏自动敲钟和打鼓，营造出欢快的气氛。20 世纪 50 年代，它所演奏的音乐被录制成留声机唱片流传全球，声名远扬。“阿拉伯人”也因此被誉为荷兰的文化大使。

顶端雕刻了一只五脚蜘蛛的“七十键”街头风琴，是 1910 年比利时安特卫普的A. 布森斯为鹿特丹一个风琴出租公司研制的（图 5–23）。“七十键”表明这架风琴构造之复杂和庞大，它历时百年，本已十分破旧，经过博物馆的精心修复，现已回复到百年前的原初状态。

管风琴也经常出现在充满欢乐的市集和游乐场上。市集上的管风琴比街头的管风琴更大一些，比如“双倍露丝”（Double Ruth，图 5–24）就曾在市集上演出。所谓“双倍”，是因为当管风琴内部扩展到所需要的复杂结构时，外侧箱子的大小必须加倍。如果要演奏瓦格纳（Richard Wagner）的辉煌音乐，必须得达

图5–21 加斯帕里尼，巴黎制造，约1910年（上）

图5–22 带木偶戏台的管风琴“阿拉伯人”（下）

到这种规模。1923 年，“双倍露丝”在集市运营商让 · 本纳（Jean Benner）的过山车旁演奏，后来又在汉默森（Hommerson）兄弟的集市景点中演奏。

比集市管风琴更加巨大的，是供舞厅使用的柜式管风琴。它们下部有个巨大的音箱，除了音响效果适宜于舞厅的需要，其上部华丽的装饰也很符合舞厅的气氛。漂亮的管风琴足可占据舞厅的一整面墙，设计得如同宫殿一般，有着雕刻复杂的柱子，柱间还经常装饰壁画或镜子。

图5-23 “七十键”街头风琴

“休斯肯斯舞厅风琴”(Huyskens dance organ，图5-25)是德国风琴制作家卡尔·弗莱(Carl Frei)1923年在荷兰制造的第一架风琴。它原本属于布雷达(Breda)休斯肯斯(Huyskens)家族的歌舞厅，使用了半个世纪后已经残破了。1978年，由休斯肯斯的遗孀捐赠给博物馆，如今已修复如初。

博物馆里最庞大的舞厅管风琴有3米多高，4米多宽，外观很像文艺复兴和巴洛克风格的欧洲别墅，典雅华丽，摆在舞厅里满室生辉(图 5-26)。它亮丽的色彩装饰和高亢深厚的音调，深得观众喜爱，在博物馆演奏时，许多观众都沉醉其中，甚至有人跟着翩翩起舞。

在电子播放器发明之前，欧洲的普通人家基本没有能力购置音乐设备。所以每当管风琴在街头响起，人们就会从家里跑出来，参加街头的演唱和舞蹈，共同娱乐。如今在荷兰的城市街道上，仍然能看到这种复古的管风琴表演。我们在海牙街头和库肯霍夫的郁金香公园门口，都曾见到荷兰人用这种管风琴演奏，充满怀旧的温暖之感。

图5-24 双倍露丝（左上）

图5-25 休斯肯斯舞厅风琴（右上）

图5-26 庞大的街头管风琴（下）

会奏乐的机械玩偶

该馆展示的音乐盒，凡是时代较晚的大多为精品。它们或是使用黄金、白银、象牙等贵重材料制作，或是使用珍稀的木料，或是设计巧妙、造型精美。贵重的音乐盒通常是欧洲的皇家与贵族的艺术器物，绝非普通人家所能够拥有的。每一个音乐盒都凝聚了制作者的艺术技巧和音乐才思，集使用价值、审美价值和收藏价值于一体。

很多玩偶音乐盒是那个时代里人们的心爱之物。它们是利用机械制作的能够活动的人物或动物，被称作“机械玩偶”。机械玩偶并非都能演奏音乐，但音乐盒博物馆的玩偶都有奏乐的功能。

东西方都有关于机械玩偶的古老传说。中国的《列子 · 汤问》记载了一个叫偃师的能工巧匠，他制造的机械人能歌善舞，还会和观众眉目传情。古老的传说已难以证实，但在 16 世纪和 17 世纪初，德国奥格斯堡作为欧洲的制表业中心，已经出现为哈布斯堡王子提供的能够活动的报时机械玩偶钟了。

到了 19 世纪，会奏乐的玩偶普遍流行起来，当时主要的生产中心是巴黎的勒马莱区，这里聚集了维希（Vichy）、鲁莱和德康斯（Roullet & Decamps）、勃特姆（Bontems）、朗博（Lambert）和法利伯（Phalibois）等著名的机械玩偶制造商。市场上到处都是杂耍的猴子，拉小提琴的小丑，跳舞的猫，喝茶的中国人和变魔术的土耳其人等欢快的机械音乐玩偶。

博物馆里最受欢迎的机械玩偶是小白兔音乐盒，它的原理虽然简单，却能让人一见就开心（图 5–27）。这件小白兔音乐盒是 1900 年法国人鲁莱和德康斯共同发明的。平时小白兔睡在卷心

图5–27 卷心菜中会唱歌的小白兔

图5-28 日本女郎与中国绅士（左）

图5-29 水果贩子（右）

菜里，一旦打开开关，小白兔就醒了，开始吃着卷心菜。卷心菜里随即响起音乐声，小白兔好像受到了惊吓，很快将头缩进卷心菜中，一支乐曲就结束了。观看这个音乐盒的小孩子没有不喜欢它的，就是成年人也会为它的精巧构思而忍俊不禁。问世以来，欧洲的有钱人家几乎都要为孩子们购置一件这样的玩具。

“日本女士与中国绅士”（约 1885 年，图 5–28）“水果贩子”（图 5–29）和“会拉小提琴的小白兔”都是维希公司的玩偶。音乐响起时，日本女士和中国绅士的身体、眼睛、手都会动起来，他们转动着阳伞，扇着扇子，喝起茶来，栩栩如生。而水果贩子手中的水果则会依次打开，左边的水果里面藏着会动的猴子，中间的水果藏着旋转跳舞的人偶，右边的水果藏着盘旋奔跑的老鼠，让人又怕又爱。这些人偶音乐盒，小巧玲珑，以其别致的造型、艳丽的色彩，能歌善舞而深受人喜爱。它们平时摆放在客厅里，既可用来听音乐，也可用来观赏，俨然一件会动的艺术雕塑。

还有许多可爱的玩偶是其他公司的产品，比如猴子乐队、会

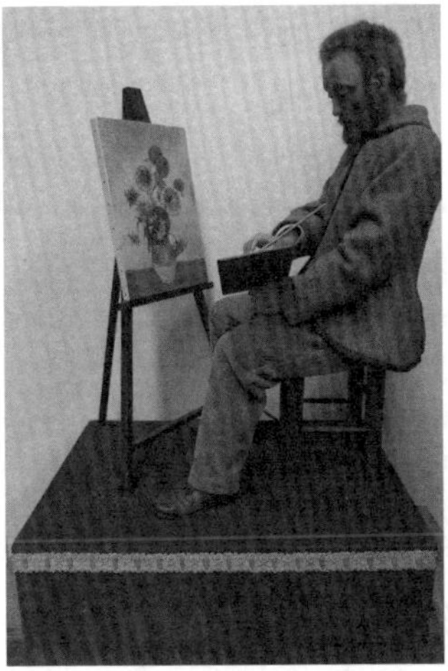

图5-30 作画的梵高（左）

图5-31 鸣鸟钟（右）

唱歌的小鸟、写信的小丑、上了发条便可表演倒立的木偶和作画的梵高等，这些小巧的音乐盒创造出许多戏剧化的场景，趣味无限，让孩子们百看不厌（图 5–30）。

到 19 世纪末，许多机械玩具都装在玻璃盒子里，形成美丽的风景。这些音乐盒是为装饰客厅设计的。其中一个音乐盒在透明玻璃罩中设计了一座城堡，城堡的门前还安放了一座风车，音乐响起时风车随之转动，船只开始航行。另一个玻璃罩里站着一个人，正在卖力地拉着小提琴。还有一个美丽的音乐盒称为“鸣鸟钟”（约 1870 年，图 5–31），出自勃特姆（B. Bontems）之手，因笼子里栩栩如生的自鸣鸟而闻名，每当音乐响起，鸟儿便唱歌飞翔，瀑布叮咚流淌。

许多国家的博物馆都有严格的规定，所有的馆藏展品仅供观赏，不得碰摸。所以到博物馆参观的人无不小心翼翼，惟恐弄坏了珍贵的文物。但乌得勒支的音乐盒博物馆却反其道而行，馆内大量的展品都是开放的，鼓励观众亲自动手摆弄各种老乐器，参与其中。如果你有兴趣，还可以让管理员帮忙从壁橱的乐谱里挑选出贝多芬、莫扎特、亨德尔或海顿等名家的曲子，放进音乐盒里，或者放进依靠摇动来演唱的滚筒式音乐箱里，然后亲自动手摇一摇，探索它们的发声原理，倾听那些经典的名曲。

博物馆里的工作人员每小时都会轮流为游客演示各种乐器展品。他们既热情又耐心，还会应参观者的要求，将那些奇巧的玩偶乐器反复表演好多次。我们参观时，一位年轻的馆员就在孩子们的要求下，一遍一遍给他们演示会翻跟斗的木偶。

音乐盒博物馆独特的经营方式，不仅使古老的展品重新焕发出生命力，而且真正发挥了博物馆的教育功能，寓教于乐。他们将文物变成了“活物”，游客在观看展品的同时还可以操作试听，详细了解它们的功能和制作原理，积极踊跃地参与其中，在快乐中系统地了解乐器的制造过程和发展变化。

当时与我们一同参观的有许多小孩子，还有两位坐在轮椅上的游客，大家都被这些奇妙无比的乐器逗得哈哈大笑，忘记了时间，也忘记了病残的烦恼。有人将这座音乐盒博物馆称为“世界上最快乐的博物馆”。我们虽然已经是成年人，但也被这些古老的玩意儿深深吸引了，一转眼就逗留了好几个小时。游客们来自不同的国家，但音乐是没有国界的，这些古老乐器所演奏的美妙音乐已经成为大家的通用语言。人们仿佛中了“魔法”一般，陶醉在欢快的乐曲中，随着那些美妙的旋律欢乐不已。

6

TOY MUSEUM PRAGUE

追随彼得·潘的号角　布拉格玩具博物馆

在捷克首都布拉格古老的城堡里，藏着一家玩具博物馆(Prague Toy Museum)。参观完森严的宫殿与庄重的大教堂，可顺着老城墙去探秘当年术士们冶炼黄金的黄金巷。玩具博物馆就在黄金巷的尽头，城墙的边上。它号称是世界第二大玩具博物馆，但门面并不大，用一个吹小号的童子作招牌(图 6–1)。走进门去，恍如来到了童年乐园，稚趣无限。

玩具通常是为那些成长期的少年儿童设计的。它们是对现实世界各类物品的微缩和童趣化。自然界和生活中的许多事物都被模仿制作成儿童玩具，从天上的飞鸟到海中的鱼虾，再到地上形形色色的动物和昆虫，甚至人类各种各样的生产、生活用品，千奇百怪，洋洋大观。

任何一家玩具博物馆都不敢说拥有所有种类的玩具，它们往往根据所处的区域环境、兴趣爱好或视野际遇选择藏品。因此，世界各地的玩具博物馆各有特色。布拉格玩具博物馆收藏了从古希腊到现代的各种欧美玩具，并特别注重收藏成龙配套的玩具套装，如今馆内有城堡、游乐场、马戏团、火车站、教室、娃娃屋、社

图6–1 玩具博物馆的招牌

区与工厂等几十种成套的大型玩具模型。其中最具视觉冲击力的是一套芭比娃娃，有一千多个。它们都来自捷克漫画家伊万·斯蒂格（Ivan Steiger）的个人收藏。

千面芭比

芭比娃娃（Barbie）诞生于美国，创始人是露丝·汉德勒（Ruth Handler）。露丝家共有九个姐妹，她最小，自幼就得到父母和姐姐们的宠爱。她成为母亲后，经常亲手为爱女制作玩具。她与丈夫开设了美泰家具工厂（Mattel，Inc），开始只是附带制作儿童玩具，后来发现销路很好，逐渐发展成为主业。随着女儿日渐长大，露丝考虑要为她制作适合小姑娘心目中女性形象的玩偶。她在瑞士发现了一种叫做莉莉的德国玩偶（Bild Lilli doll，图 6–2），其成人化的美丽外形和自己的想象不谋而合，便仿照莉莉创作出一款适宜小姑娘把玩的玩偶——芭比娃娃。

图6–2 芭比娃娃的前身“莉莉”

图6—3 最古老的芭比，1959年生产

“芭比”是她女儿芭芭拉的昵称。芭比娃娃是身材秀美，四肢修长，着装讲究，面容俊俏的少女。她脸上既带有电影明星秀兰·邓波儿的青春萌动，又潜藏着玛丽莲·梦露般的诡秘浅笑。

1959 年 3 月 9 日，这款玩具在美国国际玩具展览会(American International Toy Fair)上首次亮相，马上成为女孩们的至爱(图 6–3)。许多女孩喜欢与不同款式的芭比娃娃相伴左右，用它们布置自己的小闺房。

露丝的玩具设计不断推出新的款式，她被称为“芭比之母”，为了不让这个“女儿”沦为简单的摆设，她不断更换芭比的职业。经过数百次悉心的改制与创新，芭比娃娃不再只是一个清纯甜美的美国小妞儿，而是成为有着多种肤色和职业的千面女郎。芭比先后扮演过舞蹈家、演员、运动员、医生、宇航员、警官、企业家乃至联合国儿童基金会志愿者等 80 多种职业，她的肤色有黄、白、黑等多个种类(图 6–4~ 图6–7)。露丝还为芭比设计了许多朋友，

图6–4 不同肤色的芭比（左上）

图6–5 电影场景中的芭比（右上）

图6–6 芭比与川普（左下）

图6–7 好莱坞主题的芭比（右下）

40 多种宠物，芭比后来还有了男朋友肯（Ken）。露丝像对自己的孩子一样深爱着这些芭比娃娃，她亲生儿子的名字就叫“肯”（图 6–8）。

芭比不仅得到美国女孩子的喜爱，世界 150 多个国家都有她的粉丝。很多家庭购买不是一个芭比娃娃，而是会先后购买几个甚至十几个不同款式。芭比娃娃已变成一种世界流行的文化符号，成为亿万女孩成长过程中的幸福回忆。露丝既用她的芭比玩偶陪伴了害怕孤独的孩子们，也给全球的女性注入了梦想与希望。芭比娃娃让女孩们相信，只要努力就能像芭比那样，从事自己理想的职业。

玩具博物馆的芭比娃娃和她的朋友布置在多个不同的展室里，其中还有芭比喜欢的宠物马、猫、狗和北极熊等。其中既有最古老的一代芭比娃娃，又有体型最巨大的（图 6–9），还有身价不菲的限量芭比，从它们的各种造型和身上的服饰，可以感受芭比在长达半个多世纪里的发展变化。

图6－8　身着各种服饰的肯（左）

图6–9　真人大小的芭比娃娃（右）

缩微机械王国

玩具博物馆收藏了许多暗藏玄机的机械玩具，同样深受观众喜爱。如各种各样的小汽车、小火车、小轮船、小飞机、小摩托和小铲车等，玩具上装着各种神秘的驱动装置，只要动手扭一扭或是推一推、按一按，它们就会立即动起来，展现出各种奇异功能，博得孩子们的惊叫和欢乐。

馆中的机械玩具精品是数套莱比锡火车站（Leipzig Station）模型（图 6–10）。它们出自国际著名的德国马克林兄弟公司（Märklin），公司生产的每套模型都有编号，非常具有收藏价值。早期的模型经常在拍卖会上以惊人的价格成交，在玩具世界有很大的影响力。

1859 年，马克林和妻子卡罗琳创办这家公司，最初只生产与娃娃屋搭配的小玩具。1866 年，丈夫马克林去世，工厂由妻子卡

图6–10 马克林公司的莱比锡火车站玩具

罗琳独自支撑。后来他们的两个儿子欧根和卡尔长大了，1888年，两兄弟接替了父母的事业，扩大了经营规模并增加了玩具的品类，并将玩具工厂正式命名为“马克林兄弟公司”。

1891 年，他们制作出一款由发条驱动的有轨火车，在 1894年的莱比锡春季国际博览会上得到玩具经销商的广泛赞誉，很快在许多国家打开了销路。玩具博物馆收藏的莱比锡火车站玩具组件中，不仅有多种有轨机车，还有一座设施与功能都很齐全的火车站。

一款 1919 年出品的套装玩具火车站的原型是德国人在 1915年建成的莱比锡火车站。它仿制了这座豪华火车站所有的景物和各类设施，有装饰精美的候车大厅，站台、铁路、多种样式的机车，以及车信号灯、路牌等系统化的装备。有趣的是，他们还制作了售票员、铁道员、乘务长、乘务员、搬运工和旅客等各色人偶，主持维护车站每天的运输活动（图 6–11）。

这组玩具套装中的各种火车模型和车站设施都是依照莱比锡火车站的实物尺寸按比例微缩制作的。因此它们不仅受到儿童

图6-11 各种机械玩具

的普遍喜爱，也让许多成年人兴味盎然，被视为馆藏的珍品。它们不仅能让儿童学习到丰富的交通运输知识，培养他们的职业兴趣，还能更好地传播车站文化。

用玩具“过家家”

过家家是孩子模仿成年人生活的一种游戏，流行于世界各个地区。布拉格玩具博物馆收藏了好几套儿童过家家游戏的娃娃屋。这些娃娃屋有不同的游戏内容和式样。比如其中一件套间模型，里边设置了客厅、卧室和厨房等，房间内有各种角色的人偶，如爷爷、奶奶、爸爸、妈妈、姐姐、哥哥与弟弟、妹妹等。“家”里所有的家具与设施，都是对现实生活用具的微缩，其中有各种玩具和宠物，有的还是可供幼儿们动手制作的实用物品，像使用裁剪工具与材料布置房间，使用针线制作毛绒玩具，使用小灶具烹饪蛋、饼、甜点等（图 6–12、图 6–13）。

这种模仿成年生活的游戏玩具，不仅让幼儿在游乐中预演未来的生活，学习到许多实用的技能，也让家长们得以顺势引导孩子参与家务劳动。因此，有很多家长对这些过家家的套装玩具非

图6-12 玩具娃娃屋

常倾心，那些孩子们则更乐意在小家庭里扮演他们喜欢的角色，快乐地“过日子”。

馆内另一套大型组装玩具是一座教室模型，有黑板、教课桌和课桌等。教室内有一位教师和众多的小学生。教师正在上课，小学生分成两大排安静地坐在课桌前听讲。这款玩具是对幼儿进行学前教育的一种演练。孩子们把玩这些玩具，会对未来的学校生活充满憧憬和期待，当他们真正入学的时候，就不会因为环境陌生而感到恐惧。

橱窗里还有不少模仿社会生活的套装玩具，或是社区里的聚会活动，或是医院里的病患与医疗活动，或是工厂里的生产与销售活动等，每种模型组件都有相应的人偶和用具。这些玩具寓教于乐，让孩子通过玩耍认识自己，认识世界，从而将自己培养成有知识有技能的人（图 6-14）。

对于成年人来说，玩具博物馆如同一道悠远的时光滑梯，无论你是什么年龄，它仿佛都能让时光倒流，带你坠入童年的梦境里。即便你在玩具博物馆没能找到自己童年至爱的那款玩具，也一定会浮想联翩，回想起成长过程中的喜悦或忧愁。玩具博物馆犹如给疲惫的灵魂洗个澡，冲走心里的困顿。因此，玩具博物馆

图6–13 旧时的娃娃屋（左）

图6–14 娃娃的厨房（右）

不只是儿童们的乐园，即使是白发苍苍的老人，到这里也会忍不住童心大发，趣味无穷。博物馆招牌上那吹号角的童子，莫不是永不长大的小男孩彼得·潘吗？追随他号角的召唤，仿佛让我们也随他一起启程，回到那梦境般的童年。

7

MUSEUM OF BAGS AND PURSES

我需要一个新包包！手袋与箱包博物馆

也许是天性使然，大多数女性都爱包包。有的人甚至对它近乎痴迷，见到心仪的包包便魂不守舍。一旦得到它，如同邂逅热恋的情人不离不弃，终日黏在一起。若是没有一个心爱的包包随身携带，她们的心魂好像就无处存寄。在这些人眼中，包包可不只是一件盛放小物件的日常用品，它的用途多着呢！比如，它是收藏私密物件的锦囊、搭配衣物的饰品，是彰显品味的王牌、张扬个性的招贴，还是揣度财富多寡的证物、丈量社会地位的标志、引导时尚的风向标……包包虽小，深不可测。包包里边收藏的不仅是口红、眉笔、香水、钥匙、钱包和照片等小物，也承载着女性的风雅、柔润、浪漫、思考和追求，甚至还映射了她们丰富无比的心理世界。世界上诞生的第一家专门收藏手袋和箱包的博物馆，就缘于一位荷兰女子对包包的痴迷。

博物馆和她的爱包

阿姆斯特丹有一家手袋和箱包博物馆（Museum of Bags and Purses, Tassenmuseum Amsterdam）。创办者是一位酷爱包包的女子，名叫亨德里克耶·伊芙（Hendrikje Ivo）。她丈夫是一位荷兰的古董商，殷实的家境为她自幼养成的喜欢包包的嗜好提供了经济保证。五十多年前，她还是一名年轻女子，有次到英格兰旅行，在一家古董店里发现了一款 19 世纪 20 年代德国人制作的皮质手袋，手袋上镶嵌着精美的玳瑁螺钿。她越看越是喜欢，尽管价格高昂，最后还是一掷千金地买下了。当然，她并不缺乏使用的包包，但每次见到喜欢的包包仍像被勾了魂魄一样，不弄到手不肯罢休。这款从古董店里购得的稀有手袋，使她萌生出一个强烈的愿望，她决定创办一座以包包为主题的博物馆，专门展示她的宝贝包包。从那时起她便更加热心地购买、收藏这类小东西。

1996年，伊芙夫妇积攒的各类包包已达2000多件，于是他们在阿姆斯特尔芬的住宅里辟出两个房间作为展室，将它们向公众开放展示。从此，每天都有络绎不绝的观众，涌进她的宅院来欣赏包包。一些名媛贵妇更是把这里的包包当作往昔生活的谈资，常常到这里交流见闻，抒发情感。通过这些朋友的热心推荐，伊芙的收藏得到了极大的扩展，有的朋友甚至无偿捐出珍藏的箱包，送来展出。随着藏品数量激增，博物馆的名气越来越大，伊芙的私家住宅已经难以容纳不断增长的观光客。

2007年，伊芙得到一位荷兰富商的赞助，将她的藏品从家里搬到阿姆斯特丹市中心绅士运河旁边的一幢豪宅里（图7-1），并将展览室正式更名为手袋与箱包博物馆。

伊芙收藏的包包，都是富有特色和情趣的小东西，每一个都深受女性的喜爱，每一个背后都有一连串的传奇故事。新博物馆的大楼位于阿姆斯特丹运河带上，处在联合国教科文组织世界遗产委员会划定的运河屋保护区内。这里风光秀美，交通便捷，来

图7-1 绅士运河边的博物馆

图7-2 老宅中的螺旋楼梯与灯饰

自世界各地的游客在参观博物馆的同时，也可以欣赏整片风景区。反过来说，前来参观这处世界遗产风景的游客，也非常愿意顺便参观这家博物馆。

作为馆舍的这处老宅始建于1668年，本身就是一件文物。它的第一任房主曾担任阿姆斯特丹市的议员和市长。随后相继入驻的有贵族后裔、巨商、银行家等，非富即贵，所以室内装饰奢华，摆设的每件家具都大有来头，铺设的地砖和屋顶的彩绘富丽堂皇，令人感到高雅舒适。经过三百多年的风云变幻，这座老宅也产生了各种各样的故事。以这幢豪宅作为馆舍，不仅为包包博物馆增加了豪气，更平添了许多文化底蕴和传奇色彩（图7-2）。

走进这座老宅，游客感受到的是装载着各类精美小物件的大世界。展品的布置以时代为序。最古老的展品制作于中世纪后期，摆放在展馆最上面的楼层。年代较近的位于中间楼层，楼下则出售近年仿造的各种纪念品箱包。从上到下一路看过来，可以大致了解五百多年来西方女性文化生活的发展变化，领略到西方工匠们对于手工技艺的精致追求，进而感受到西方历史文化的独特韵味。

传世“包包”

如今，手袋与箱包博物馆的藏品已增加到5000多件，主要的是各类包包。有钱包、手拿包、手袋、挎包、手提箱以及配套的饰品，如化妆盒、鞋帽等等，它是欧洲唯一以箱包为主题的博物馆。

馆中的展品基本都是私家收藏，馆长对每个手袋和箱包的来历，以及背后的故事都了如指掌，同时也对手袋、箱包的发展历史、制作材料与工艺有系统的了解。因此选择藏品的时候，既能保证它们优越的品质，也能照顾到品种与款式的多样化。馆内藏品的布置非常注重展示箱包的文化演变，由此而得到各地游客的广泛赞誉，使其从同类博物馆中脱颖而出，2014年荣获Fodor's旅游网授予的“全球十佳时尚博物馆”称号，还被评为全球规模最大的同类博物馆。

阿姆斯特丹手袋与箱包博物馆所谓的“规模最大”，只是与同类博物馆相比而已，实际上小巧的很。不过，馆内那些可爱的小东西都有很高的观赏性，每个展柜都可以用琳琅满目来形容。

博物馆中手袋与箱包的形状有长、方、扁、圆、尖、桶形、菱形、蛋形、船形、扇形、三角形、月牙形和花朵形等，千奇百怪。制作

图7–3 博物馆的缘起，伊芙买到的第一个古董包（左）

图7–4 博物馆最古老的包包，16世纪羊皮包（右）

工艺有织、编、勾、绣、磨、贴、安装、镶嵌、铸造等等，五花八门。使用的材料有金、银、皮、布、丝、竹、木、藤、象牙、珍珠、玳瑁等等，品类多样。更重要的是，这些藏品每件都是馆中的唯一，每件都来历非凡，有着种种曲折婉转的故事。

第一件有趣的藏品是上文提到的20世纪80年代伊芙购买的玳瑁纹镶螺钿手袋。它是19世纪20年代德国生产的，这件展品也是这座博物馆诞生的起点，伊芙将它作为该馆的奠基物。不过它并未被单独展示，而是放在玳瑁手袋展柜里，和其他美丽的玳瑁手袋一起展示（图7–3）。

馆内的镇馆之宝是一款铁质框架山羊皮钱袋，这是博物馆收藏的最古老的包包。它产自16世纪的法国，作为一号展品置于博物馆第一个展柜的中心。这款白色小羊皮的包包，外部有3个大包，里边有18个内置包。出人意料的是，它的主人是一位男士。包包不只是女性的心爱之物，也常常得到男性的青睐。在16—17世纪，男性通常把东西装在衣服口袋里，后来发展出流行的男用手包。它们被男性用腰带系在腰间，装上钱财烟草，有似于现

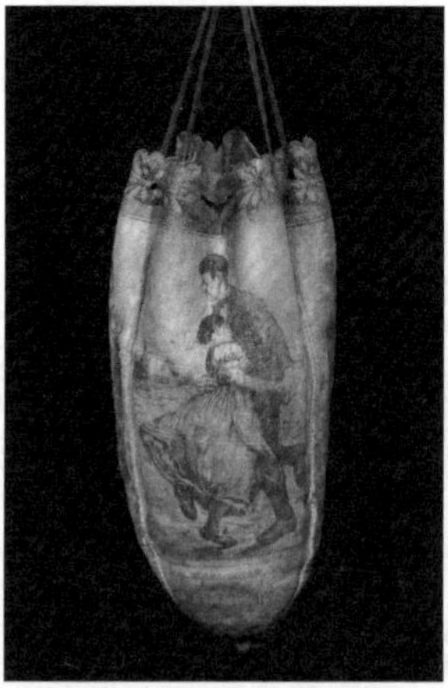

图7–5 羊皮小钱袋

在的钱包。这种华丽的包包曾是法国贵族与绅士身份的象征（图 7–4、图 7–5）。

在早期时代的展柜里，还可以看到其他材质的包包，比如这款 17 世纪的金属钱包。它为银质，上面有非常细腻的雕刻，中间是武器旗帜衬托的女神，上方两侧有抱着飞鸟的天使，很像家族的纹章。这件金属包包历经几百年的光阴，依然光亮如新（图 7–6）。

金属和象牙等贵重的材质，经常被用作包包的框架配饰。织物材质的包包容易损坏，但是象牙、金属等材质的包架却能长存，如果包面坏了，在包架上更换新的材料，就可以焕然一新。博物馆里保留着许多设计精美的象牙包架，上面雕刻着埃及的斯芬克斯、唱歌的小丑、游戏的小老鼠和喝茶的中国夫妇等有趣的图案（图 7–7）。

18 世纪的女性流行挂上一套腰链，这样就不再需要携带包包。腰链用金、银等贵金属制成，上面常常镶嵌着珐琅画像，分出数条链子悬挂小剪刀、镜子、香水瓶、扇子和怀表等日常用品，

图7–6 金属材质的包包（左）

图7–7 象牙包架（右）

钱包也可以挂在链子上。腰链作为华丽的首饰，同时又非常便捷实用（图 7–8）。图中这件腰链是 18 世纪 80 年代日内瓦生产的，下方悬挂着有亨利 · 瓦伦丁（Henri Valentin）铭文的怀表，怀表左侧的钥匙用来上发条，最外侧左右两边悬挂着两枚印章。怀表右侧贝壳型的小金盒可以开启，里面珍藏着爱人的一缕秀发。

许多包包会被用于特殊的场合，比如过去贵族结婚时，要送给新娘一个新娘包，里面装满钱币，意味着丈夫会一直让爱妻钱包满满。图中这款铜胎珐琅画像丝质新娘包产自 1725 年（图 7–9）。它是法国利摩日公司设计制作的新娘包系列里最精美的一款。这个包包的原主人是波兰公主玛丽 · 蕾岑斯卡，她嫁给了法国国王路易十五。包上镶嵌着路易十五和皇后的新婚画像，是以铜板做胎后经彩绘烧制而成的。

旧时贵妇的优雅体现在生活的方方面面，比如如今流行的信封包，就是当年高贵的夫人和小姐们用来装信的。它们有些使用皮革制作，更多地是用刺绣和丝绸。一些包上有十字绣的玫瑰（图 7–10），还有一只包上绣了一颗爱心，上面有句法语情话——“它为你燃烧”，显然里面装着甜蜜的爱情（图 7–11）。一款 1806 年

图7–8 女子的腰链（右）

图7–9 新娘包（左）

图7-10 十字绣信件包（左上）

图7-11“它为你燃烧”信件包（左中）

图7-12 自画像信件包（左下）

图7-13 不同材质的手包（右）

法国生产的皮革与丝绸刺绣信件包，一边镶嵌着一张漂亮女子的画像，据说是法国女画家露尔布（Favorin Lerebours）的自画像，另一边绣着恋人的情诗，可能是她送给恋人的礼物（图 7-12、图 7-13）。

刺绣包包和串珠包包是由来已久的流行款式，博物馆里收集了大量的刺绣包。它们像高寿的老祖母，从设计制作到使用流传，每个包都有曲折的经历，装着诉说不完的古老故事（图 7-14）。许多包是贵族小姐手工制成的，一针一线都渗透着浓浓的情意和巧思。其中最古老的是中世纪欧洲贵妇使用的裙下包，软软的布袋，可以系在裙子里边的腰上，不会露出来，类似今天的腰包。

后来庞大的裙摆不再流行，手包也不再藏在裙下，而是成为服装搭配的饰品。馆内许多包包是全套配饰的一个重要组成部

图7–14 各种刺绣包（左）

图7–15 长颈鹿串珠包（右）

分，与之搭配的有扇子、领花、袖口、头饰、胸针，以及配套的鞋子等。

1827 年推出的这款珠绣包包上有长颈鹿的图案，它是为了纪念法国的第一只长颈鹿而设计制作的。钱包上的这只长颈鹿来自埃及，1826 年被埃及总督献给法国国王查理十世。它刚来到巴黎时轰动一时，市民们无不争睹为快。绣着这只新奇动物的钱包也成为当时最新的时尚（图 7–15）。

19、20 世纪之交是时尚快速变换的时期，各种艺术风格不断涌现，也鲜明地体现在手袋箱包的设计中。交通工具的发展对旅行箱提出了新的要求，为了让旅行的绅士淑女们不会降低生活品质，箱包公司发明出种种箱包，来装载成套的餐具、衣帽和艺术用品等（图 7–16）。

进入 20 世纪，制作包包的材质不断推陈出新，皮革因为挺拔耐磨，成为新的的首选材质。塑料、树脂等新材质发明出来后，也逐渐成为制作包包的重要原料。

在这场时尚盛宴中，男士也没有缺席，许多公司专门为绅士设计包包。新世纪的男士包包不像从前那样华丽，但看起来更加

图7-16 洗漱用品箱（左）

图7-17 绅士们的包包（右）

稳重帅气（图 7-17）。馆中有一款 1937 年德国生产的帆布盖皮质旅行箱，箱内配有全套的雕花纯银化妆用具。它是荷兰女王朱丽安娜的丈夫博恩哈德亲王的物品，得自女王的遗产捐赠。

博物馆里这些新颖亮丽的时尚包包，其主人大多是世界级的明星或名媛，还有一些是国家领导人使用过的大牌箱包（图 7-18~ 图 7-21）。

比如，1921 年意大利佛罗伦萨古驰公司制作的古驰帆布手袋，其材质并不是很珍贵，但由于曾被美国第一夫人杰奎琳 · 肯尼迪使用过，因而成为时髦高贵的品牌包。1935 年爱马仕设计的真皮包已经制作出售，一开始并没有太大名气。1956 年，奥斯卡影后格蕾丝 · 凯莉与摩纳哥王子订婚。订婚仪式上升级为王妃的凯莉挎着爱马仕包包，使其迅速风靡全球。爱马仕总裁将这款包包更名为“凯莉包”，成为世界名牌。

意大利米兰范思哲时装公司制作的晚宴包，也是借助明星而成为名牌。1997 年，它首次出现在电影《贝隆夫人》的首映式上，

图7—18 经典时尚包包（左）

图7—19 亚历山大·麦克昆的别针包（右）

歌坛大腕、影坛天后麦当娜提着范思哲包，穿着同款的晚装和鞋子从后台走出来，立即吸引住了观众的眼球，从此这款小包便成为全球的知名品牌。无数追求时尚的姑娘，提起这款晚宴包就会两眼放光。

朱迪思·雷伯（Judith Leiber）是美国第一夫人们的御用设计师。她为克林顿夫人设计的猫咪包，是以克林顿家的猫咪“短袜”（Socks）为原型创作的。1996年，希拉里·克林顿身着黑色西装长裤，手提猫咪包参加克林顿的改选舞会，使这款可爱的包包风靡一时。

普拉达以20世纪50年代的汽车为灵感，设计出金字塔型包包，并配套设计了带有火焰飞翼的绿色高跟鞋。2012年，凯蒂·佩里脚踩高跟鞋，手提金字塔包出席巴黎时装周，使这双鞋子成为年度最受欢迎的高跟鞋，具有年代感的复古包包也成为年度热点。

这家博物馆不仅注重收藏巴黎世家、迪奥、路易威登、香奈儿、爱马仕和凯莉包等风靡20世纪的限量版名牌手袋，也非常善于利用名人效应宣传展品，由此而形成对世界各地女性的致命诱惑。同时也让世界许多知名的手袋与箱包设计制造商从中看到商机，自愿把新创的产品捐赠过来，不需花费广告费就能获得最好的宣传效果。这样一来，博物馆与商家互相配合，合作共赢。

图7–20 朱迪思·雷伯的猫咪包（左）

图7–21 香奈儿5号包（右）

2017 年，两款来自中国半坡氏族的原创艺术手袋“怡园”和“墨韵天香”，也捐赠成为该馆的收藏。这两款包包的到来，意味着中国的文化艺术品也到此落了户。

喝咖啡，聊“包包”

荷兰人非常重视利用博物馆传播历史文化。在荷兰旅行，无论城市大小，都有许多博物馆可以参观，大多数博物馆都有配套的餐饮服务，让参观者可以尽情观赏，而不必担心时间。这家手袋与箱包博物馆属于中小型博物馆，但其配套服务却非常出色。馆内设有宽大的餐厅，开设在两个具有古典风格的多功能时代展室之间，观众不必出馆就可用餐。

这两处时代展室大小不同，布局各异，但都保留了 17 至 18 世纪荷兰原初的室内装饰，富丽堂皇，高贵优雅。为了让它充分发挥作用，管理者开发出多种服务功能。比如下午茶、音乐茶座、酒会、派对和晚宴等生活服务项目，以及小型展览会、读书会、学术研讨会、学术报告会和音乐美术鉴赏会等学术服务项目。此外，该馆还开展婚礼宴会的个性化服务，喜欢古典情趣的恋人们可以在这里举办婚礼，博物馆会按照要求布置出富有特色的婚礼场地。

荷兰人善于经商，在手袋与箱包博物馆尤其能感受到荷兰人

图7–22 博物馆的茶餐厅

对商业经营的用心。该馆楼下开设了一家包包名品商店，仿照馆内的藏品制作了各种包包出售。商店的广告词是：无论你喜欢时髦的、幽默的、古怪的，还是传统的、经典的；无论你选择皮质的、塑料的还是编织的，都能在博物馆商店找到一款如您心愿的包包。那些痴迷于包包的游人们，在参观完历代的包包，过足眼瘾之后，还有机会在这里买到一个心仪的包包，满意而归。

8

SILVER COLLECTION HOFBURG VIENNA

厨房里的政治　维也纳皇家餐具博物馆

奥地利首都维也纳被称为音乐之都。维也纳人除了喜爱音乐，生活中处处都崇尚艺术与精致。从维也纳的皇家餐具博物馆(Imperial Silver Collection)可以充分感受到维也纳人在餐饮器物方面的艺术造诣。

要讲维也纳的皇家餐具博物馆，首先要说说奥地利的皇室，以便更好地了解各种藏品的来历及其背后的故事。统治奥地利的皇室主要有巴本堡家族(House of Babenberg)和哈布斯堡家族(House of Habsburg)两大家族。前者是建国初期的统治者，当时国力较弱，在欧洲和奥地利没有太大的影响力，今天人们谈到的奥地利的历史和文化，主要是关于哈布斯堡王朝的。

哈布斯堡家族是欧洲历史统治时间最长、拥有地域最广的王室之一。13世纪后期，家族中的鲁道夫·冯·哈布斯堡伯爵(Rudolf of Habsburg)通过政治联姻开始发迹。他最初没有多少资本，只有妻子所生的六个漂亮女儿。他想到若能与强者联姻，是一个扩充实力的好办法，因此在女婿方面精挑细选，将六个女儿都嫁给了欧洲有权势的公爵和侯爵。

欧洲有七个选帝侯有资格决定神圣罗马帝国皇帝的人选，其

图8—1 哈布斯堡的皇冠和权杖

中 2 人是他的女婿。经过多方努力和女婿们的斡旋，1273 年，鲁道夫成功当选神圣罗马帝国的皇帝，成为罗马的监护人、皇帝和罗马天主教的最高统治者，地位显赫。神圣罗马帝国不只是一个独立的国家，它统辖着欧洲各地大小 300 多个邦国。后来一些势力强大的邦国不再服从帝国的控制，但名义上仍然要承认帝国的权威。鲁道夫登上神圣罗马帝国和奥地利帝国的双重帝位后，哈布斯堡家族在欧洲日益强大起来（图 8–1）。

鲁道夫去世后，神圣罗马帝国的宝座被卢森堡家族（House of Luxembourg）占据了一百多年，1438 年，被哈布斯堡家族重新夺回。此后直到 1806 年帝国解体，300 多年的时光里，帝国的皇冠一直为哈布斯家族所有。维也纳一直是哈布斯皇家的大本营和政治文化中心。今天，维也纳许多气势恢宏的老建筑、花园和纪念柱等，都是哈布斯堡王朝留下的文化遗产。

图8–2 奥地利皇宫内悬挂的茜茜公主画像

图8–3 奥地利皇宫的茜茜公主展览

哈布斯堡家族还有一位重要的文化偶像，就是为世界人民所喜爱的茜茜公主(Elisabeth Amalie Eugenie)。她经过浪漫的恋爱，嫁给了奥地利皇帝弗兰茨·约瑟夫一世，成为了哈布斯堡家族的儿媳。性格天真的她成为奥地利皇后之后，无法适应哈布斯堡王朝宫廷的繁文缛节。这最终造成了她的人生悲剧。但如今，她却作为维也纳最重要的明星，受到奥地利人的推崇，几乎所有的奥地利皇家博物馆都有茜茜公主的主题展览，维也纳皇家餐具博物也是维也纳茜茜公主展出的一个重要组成部分，可以让我们据此窥见奥地利皇室的日常生活(图 8–2、图 8–3)。

维也纳皇家餐具博物馆位于哈布斯王朝的霍夫堡皇宫(Hofburg,图 8–4)。“霍夫堡”在德文里指宫廷城堡，它昔日曾是皇家居住的冬宫，现在作为博物馆的馆舍，本身也是一处建筑文化瑰宝。

这组庞大的建筑群始建于 1275 年，1913 年完工，共有 18 条翼、19 处庭院、2500 个房间。历代皇帝的喜好和审美情趣不同，因此许多宫殿都经过初建、扩建或重建，让欧洲历代的著名建筑师有机会尽情发挥聪明才艺。这座迷宫般的建筑如今已不再属于皇室，但仍然是奥地利共和国的政治和文化中心。霍夫堡宫设有奥地利总统的官邸，曾经的瑞士人庭院、西班牙骑术学校、宫廷教堂、由宫廷图书馆改建的国立图书馆等文化机构，如今都对公众开放，向世人展示其辉煌的历史文化。

奥地利政府的文化主管非常善于利用这块风水宝地，在霍夫堡内开设了人类文化展览馆、皇家珍宝博物馆、皇家家具博物馆、皇家餐具博物馆、茜茜公主博物馆、古代乐器博物馆和兵器盔甲博物馆等二十多个馆室。皇家餐具博物馆只是其中之一。

维也纳皇家餐具博物馆于 1995 年对外开放，共有展室 1320 平方米，藏品 15 万多件，展出 7000 多件。

从 15 世纪开始，哈布斯堡便有官员专职管理宫廷的餐饮与用具，并大量置办金银餐具。到 18 世纪，宫廷已辟有多个金银器餐具室。皇家的成员各有自己喜欢的金银餐具，配有专人清洗和保管。该馆展出的主要是六百多年来历代奥皇宴会上使用的各种餐具。其中有金、银、陶瓷、水晶、玻璃等各种材质和各种用途的器皿及装饰品。这些材质珍稀、造型美观的器物非常罕见，但在

图8-5 霍夫堡皇宫庭院

皇家餐具博物馆里它们成柜排列着，各间展室金光四射。

虽然餐具总量庞大，但每一款都是馆中的唯一，成龙配套，各有特点。如本土餐具系列、法国餐具系列、德国餐具系列、米兰餐具系列和东洋餐具系列等，从器物的材质选用、款式设计到制作工艺，都各有妙处。这些成系列的精美餐具都是哈布斯堡王朝在各个重要历史时期特制或定制的，另有一些是欧洲别国王室的馈赠，铭记着形形色色的故事。

金银餐具背后的战争恩仇

黄金和白银属于贵金属，自古以来就是财富的代名词。皇家餐具博物馆里最精致、最壮观的，就属这些金银餐具。馆内有五个展室专门用橡木柜子陈列历代皇室的贵金属餐具，其质地皆为黄金、白金、银、红铜镀金等稀有金属。走进贵金属餐具展室，满眼金黄银白，令人眼花缭乱、心驰神往。

这些贵金属餐具中最早的可追溯到中世纪的君主遗物，其中不乏德意志、意大利、法国、匈牙利和波希米亚等地出产的名品。就用途而言，有鲜花托盘、果盘、面包盘、肉排盘、糕点盘、水壶、茶壶、咖啡壶、咖啡杯、奶杯、酒杯、茶杯、水杯、调味盒、糖果盒、汤盆、调料瓶、花瓶、花瓮，以及碗、碟、刀、叉、勺等小件用品。每件都有自己独特的造型。

金银餐具的工艺都很精良，多是经过锤揲、镂空、雕刻、镶嵌等多种流程制成，造型优雅，色泽亮丽，呈现出华贵的艺术效果。其中有些器皿是纯为装饰餐桌而设计的（图 8-6、图 8-7）。

金质烛台是皇室晚宴上必不可缺的角色。在电灯发明前的时代，通宵达旦的宴会全要依赖蜡烛照明。蜡烛插在金色的烛台上，

图8-6 玛丽亚·特蕾莎女皇的镀金酒杯（上）

图8-7 镀金餐桌装饰（下）

火红色与金黄色相互摇曳，为皇家晚宴增添了许多华美而又浪漫的情调。因此，本来不算餐具的烛台却成为金银餐具展中的重点，不仅数量庞大，而且造型多样。每一款都独具特色，有的上面雕刻着游戏的火鸡、跳跃的兔子和振翅欲飞的小鸟；有的枝繁叶茂，装饰着鲜花盛开的植物，从中可以想象金匠们为打制它们而倾注的心血（图 8-8）。

金银餐具展室除了大量的金质烛台，还有一组令人惊叹的长达 30 米的餐桌金质装饰套件，它被称为“米兰中心”（Milan Centrepiece，图 8-9）。这组壮观的黄金装饰套件背后的故事，简直可以拍成一部起伏跌宕的历史剧。

图8–8 工艺复杂的镀金烛台（左）

图8–9 米兰中心（右）

历代奥地利皇帝非常懂得黄金与白银的价值。他们喜欢置办金银器皿，并把它们的功能发挥到了极致。在和平年代里，金银被制作成精美的餐具，遇到节日、喜庆或家宴、国宴，便用金银器皿款待宾客，夸饰皇家的富有与尊贵。而遇到战争、遭遇困厄的时候，又可以把金银餐具熔化成钱币，用作军费或打通关节的利器。

18 世纪末，奥地利帝国遇到决定生死存亡的巨大危机，历代所积累的金银餐具就派上了大用场。法国大革命爆发后，拿破仑的军队很快扫荡了欧洲的许多封建帝国，并把矛头指向了奥地利。1796 年，拿破仑率领法军进攻意大利北部，灭掉了奥地利统治的伦巴第公国和威尼斯公国。1806 年，拿破仑进军维也纳，解散了奥皇弗朗茨二世（Franz II）控制的神圣罗马帝国，摘下了历代奥皇戴了三百多年的神圣罗马帝国皇冠。

弗朗茨二世组织了三次反法同盟，都被拿破仑击败了。无奈之下，奥皇重新拿出政治联姻的老办法。1810 年，将女儿玛丽·路易丝（Maria Luise）公主嫁给拿破仑，以求与法国和好。与此同时，弗朗茨二世对于新女婿拿破仑并未手软。他托出家底，将皇宫的金银器皿和金银餐具全部化为钱币充作军费，相继组织了第

四、五、六、七次反法同盟，1815 年，终于打败法国军队，将拿破仑赶到圣赫勒拿岛。

1821 年，拿破仑在岛上病逝。奥地利夺回了意大利北部的属地，将伦巴第公国和威尼斯公国合并为一个王国。1835 年，弗朗茨二世去世，他的儿子斐迪南德一世（Ferdinand Ⅰ）继任国王，1838 年 9 月 6 日在米兰举行加冕典礼。

为了筹备这次典礼，奥地利皇室花费几番心血设计各种细节。他们一边按以往皇家餐具的式样，使用红铜制造了大量镀金餐具，一边委托意大利著名雕塑家路易吉·曼弗雷迪尼（Luigi Manfredini）制作了这组 30 米长的黄金餐桌饰品套件。

靠近观察，可以看到套件上的各种图案和雕塑造型，它们具有丰富的历史文化内涵：在黄金长板正中可以看到头戴金冠，手持丰饶之角，象征着伦巴第的女神雕像，以及头戴总督帽，脚下卧着带翼的飞狮，象征着威尼斯的男神像雕塑。这组套件将奥地利、伦巴第与威尼斯的文化符号连结为一个整体，寓意着奥地利皇室对意大利北部的牢固统治。跳舞的天使和蜡烛台，交替地出现在长长的两侧长板间，象征着哈布斯堡王朝在历史转折关头的奋力拼搏（图 8-10）。

图8-10 米兰中心细节

金银餐具展室里最具有历史价值的，是一整套大型白银镀金餐具，法语名为“维梅尔”(Grand Vermeil，图 8–11)。这套餐具是法国工匠的作品，原来只有 40 套，1850 年，维也纳工匠将其扩充到 140 套。如今这套餐具共有 4500 件，总重达一吨。这套餐具也与欧洲的历史息息相关。

1808 年，巴黎金匠马丁－居略·毕昂莱(Martin-Guillaume Biennais)和米兰金匠欧结里奥·布鲁萨(Milanese goldsmith Eugenio Brusa)制作了这套餐具，委托人是拿破仑的继子欧仁·德·博阿尔内(Eugène de Beauharnais)，他于 1805 年至 1814 年担任意大利总督。

制作完成后，餐具被运往米兰，但此时拿破仑已被推翻，伦巴第－威尼斯王国被划归奥地利。根据维也纳国际会议的决定，弗兰茨皇帝必须从欧仁·德·博阿尔内那里买下这套餐具。1816 年，他为了迎娶卡洛琳·奥古斯特(Caroline Auguste)，将这套餐具运到维也纳。餐具上所刻的意大利国王拿破仑徽章被铲掉，换上了奥地利皇帝弗兰茨的徽章。

奥地利皇室渡过危机之后，这些奢华的餐桌黄金套件成为夸

图8–11 维梅尔镀金餐具

饰帝国实力的宝器，借以重树帝国的威望。在晚宴上，这些黄金套件与高低错落的黄金烛台彼此辉映，令参加宴会的来宾们惊艳不已。

瓷器餐具间的国家竞赛

餐具博物馆的第二个重要组成部分是瓷器。瓷器是中国的发明，早在东汉晚期已有外销记录。但直到15世纪晚期，中国瓷器才来到欧洲，当时被称作“白色的金子”。哥伦布开辟新航路后，中国外销瓷数量大增，但仍难以满足需求。前面提到，欧洲人由此开始研究瓷器制造技术，并造出本土的瓷器。

瓷器不仅是一种日用器皿，它的造型、纹饰和釉色还被用来区别使用者的身份高低与贵贱。奥地利皇家餐具博物馆的瓷器数量巨大，件件精美俏丽，象征着奥地利皇室的富有和高贵。其中既有伟岸浑厚的大型器皿，也有小巧玲珑的娇艳细作；既有绚丽多姿的各色彩瓷，也有连环故事般的系列瓷器；既有本国皇室的专用瓷器，也有购自东方的外销瓷器和其他国家馈赠的礼品。它们都与奥地利皇室的朝野大事有着千丝万缕的联系。

以中国人的眼光来鉴赏这些瓷器，难免有似曾相识之感，因为欧洲人早期烧制的瓷器仍保留着浓重的模仿意味。

馆内最早的欧洲本土瓷器是梅森套件（Meissen Service），制作于18世纪初期（图 8-12）。那时销往欧洲的瓷器价格昂贵，很多欧洲工匠都在探索制造这种“白色金子”的方法。萨克森公国的选帝侯奥古斯特二世（King Augustus II of Poland）聘请了一个名叫贝特格（Johann Friedrich Böttger）的炼金术士，破解了东方人的制瓷配方，经过反复试验，生产出欧洲的第一件

图8—12 镂空的梅森餐具(上)

图8—13 全景画系列餐盘(下)

硬瓷器。1710 年，他们在萨克森开设了欧洲第一家梅森皇家瓷器厂(Royal Meissen Manufactory)。

梅森生产的瓷器价格贵如黄金，但绝不愁销路。它们几乎完全被欧洲各国的皇室和贵族包揽了。这让欧洲的王公们很羡慕，都想在本国开厂生产瓷器。但奥古斯特把瓷器厂看作会下金蛋的母鸡，他不但申请了多项技术专利，还加强内部管制，看管周密，严防技术外泄。但严密的制度抵不住金钱的诱惑。1717 年，奥皇查理六世(Emperor Karl VI)的外交官杜帕曲尔(Claudius Innocentius du Paquier)用重金买通技工，将烧制瓷器的秘诀带到了维也纳。

1718 年，在奥皇查理六世的支持下，维也纳创立了奥格腾瓷器厂(Augarten Porcelain)，修建了第一座烧瓷窑炉，不久就烧制出精美的瓷器，在欧洲各国行销。创立者杜帕曲尔获得了 25

图8–14 黄金镀金系列

年的经营权。1744 年经营期满，女皇玛丽娅·特蕾莎(Empress Maria Theresia)将瓷器厂收归皇家所有。此后该厂的每一件瓷器都被打上钴蓝色皇冠徽章作为标记。女皇非常喜欢瓷器，大力支持瓷器的研制和生产，烧制出一种被称为洛可可风格的瓷器。最精美的瓷器首先供给维也纳皇家使用，同时也受到欧洲各国王室和贵族的热捧。

馆内收藏的仅次于梅森系列的古老瓷器，就是维也纳生产的全景画瓷盘大系(Panorama Plates，图 8–13)。此前瓷器虽然已成为受欢迎的昂贵收藏品，但只是用于盛放甜品，直到 1800 年全套的瓷器餐具才进入宫廷。这还要归功于战争时期，金银器皿都被熔化做成了钱币。

1803 年，弗兰茨皇帝为皇家宴会定制了 120 件瓷器，其中包括 60 件绘有图案的甜品盘，24 件别具一格的“全景画汤盘”。盘中的绘画，是爱国主义和浪漫主义的结合。盘子外侧镀以金边，中间是火山、冰川和宏伟的维也纳建筑，每个盘子都有三幅表现奥地利、瑞士和意大利城市景观的绘画，它们是根据旧时的版画，由当地最好的瓷器画家画上去的。制作这套作品整整耗时五年。

维也纳出产的餐具还有黄金镀金系列（Gold Service，图8–14），堪称典范之作。在瓷器上镀金与镶金是奥格腾皇家瓷器厂的绝技。他们将一些高档瓷器镀上24K黄金和铂金，经过海沙与玛瑙石抛光后，显得格外光亮。他们还在大件的壶把、盘沿、钵底等部位镶嵌黄金雕塑小品，以彰显皇家独有的富贵。这套餐具完成于1814年，是加急制作而成的。1814年弗兰茨皇帝访问巴黎，各国决定在维也纳举办签署战争协议的国际会议。但维也纳的金银餐具已在抗击拿破仑的战争中被熔化，因此皇室加紧订购了这套瓷器。由于通体镀金，瓷器看起来仿佛由金银制成，这样至少在国宴上能有一套金光闪闪的餐具。

该馆最具个性的瓷器是奥地利皇室特制的哈布斯堡家族全套餐具（The Habsburg Service，图8–15）。其中每一款都有皇家成员的肖像。这套瓷器制作于1821年至1824年间，是弗朗茨一世皇帝为他的次子弗朗茨·卡尔的婚礼定制的。卡尔的新娘是巴伐利亚的公主索菲。根据皇室成员的地位和长幼顺序，画匠在大小不同的餐具上绘制了皇帝、皇后、王子、王妃与王孙们的肖像。这套餐具颇具哥特式风格，既彰显了皇家的地位和权势，也体现了曾经的神圣罗马帝国的显赫。它们深受皇室成员喜爱，在婚宴上使用之后，又在日常的家宴甚至国宴上多次使用。

图8–15 绘有皇家成员肖像的瓷器

图8-16 朱庇特与朱诺（左）和海洛与利安达（右）主题瓷盘

餐具博物馆还收藏有许多欧洲名牌瓷器厂的展品。有维也纳皇家购买的特制瓷器，有欧洲别国王室的馈赠，也有附属国上缴的贡品。其中包括德国梅森瓷器厂、法国赛夫雷斯瓷器厂、英国明顿瓷器厂和匈牙利海兰德瓷器厂等名牌厂家的精品。若是不看瓷器的标记，仅从外观很难区分它们的出处。

有些盘子绘制着寓言和神话图案，有些绘有欧洲的风景名胜和动物花卉，还有一些直接将名画绘制在瓷器上（图 8-16）。它们的造型和画面精巧艳丽，不仅需要出色的绘画技巧，还需要高超的烧制技术。不同的颜料和图案，要求不同的温度和烧制程序。有些瓷器需入窑六七次之多。瓷器越是精美，就越需要经过更多的加工、打磨和烧制。

有个椭圆形大花盘，上部描绘着法国凡尔赛宫，下边配以花园和法国的贵族群像（图 8-17）。它可能是奥地利皇室在法国订购的。为了不伤害本地工匠的感情，进口的餐盘多需要秘密订购，因此难以知道它们出自哪些厂家。

其中一套1870年生产的英国餐具明顿系列（Minton Service），是伊丽莎白皇后，也就是茜茜公主，送给丈夫弗兰

图8–17 凡尔赛宫景观瓷盘（左上）

图8–18 明顿系列餐具（右上）

图8–19 绿带瓷器盖碗（左下）

图8–20 苹果绿系列盖碗（右下）

茨·约瑟夫皇帝的礼物（图 8–18）。这套餐具由威廉·科勒曼（William Coleman）设计，上面绘有自然主义的昆虫、鸟类、海鱼和植物等图案。

另一套壮观的展品是来自法国皇家的赛夫雷斯瓷器套件（Sèvres Service）。历史上奥地利与法国交往频繁。两国的关系错综复杂，时而是冤家对头，拼死厮杀，时而又是姻亲好友，水乳交融。餐具博物馆收藏了几百件法国的赛夫雷斯瓷器，都是法国波旁王室送给奥地利哈布斯堡王室的贵重礼物，主要包括两大系列。

其一是绿带瓷器，是法王路易十五送给奥地利女皇玛利娅·特蕾莎的礼物。1770 年，特蕾莎的小女儿玛利·安托瓦内特嫁给法国王储（即后来的路易十六）。路易十五为了送给亲家一份厚礼，特向创办于 1734 年的法国赛夫雷斯皇家瓷器厂定制了

图8–21 法国王室馈赠的带盖汤盆

一套精美的绿带瓷器，包括 185 件瓷器餐具和 38 件装饰餐桌的陶雕造型，另有 116 件其他瓷器。这些瓷器造型各异，用途多样，但采用了统一的装饰，即法国皇室平时装点衣物的绿色缎带贯穿其中。瓷器中间部分根据弗兰索瓦 · 布热的洛可可绘画描绘出爱情、诗篇、音乐、绘画和雕塑等多种寓意，包含了从荷马到莫里哀的世界文学元素。这些瓷器后来被人们称为“绿带瓷器”(Dinner and dessert service with green ribbons，图 8–19)，象征着波旁王朝与哈布斯堡王朝战后的和解。

其二是带盖的金色穗状大盖碗(Gold “Sheaves of Corn” Tureens)与苹果绿系列晚餐瓷器套件(图 8–20、图 8–21)。1777 年，奥皇约瑟夫二世前往法国看望妹妹玛丽 · 安托瓦内特皇后。妹妹赠送给他五百多件精美瓷器，其中最精美的就是这套汤盆。盆子周身带有描金，盆面上绘有水果、蔬菜、谷穗和花草，象征着丰产与富饶。除了这四件华丽的汤盆，还有一套苹果绿系列

图8-22 有中国人形象的瓷盘（左）
图8-23 维多利亚女王送给奥皇约瑟夫一世的茶具（右）

的晚餐用具。

餐具博物馆还辟有一间东方餐具室，展出中国和日本的瓷器。其中最早的是洛林的查尔斯·亚历山大公爵（Duke Alexander of Lorraine）在18世纪初期购买的，他是弗朗茨一世的兄弟和玛丽娅·特蕾莎女皇的姐夫，非常崇拜东方文化，通过各种途径购买东方的瓷器。

这些东方瓷器被称为伊万里瓷器（Imari porcelain），有烛台、花盘、花瓶、茶碗、盖罐、糖果盒、酒具套件和餐桌摆件等。它们造型美观，纹案细腻，色彩柔润，因为通过日本的海港伊万里出口到欧洲而得名。

但仔细观察这些瓷器会发现，许多图案似乎都是中国的传统文化元素。多款瓷器上绘制着中国式的亭台楼阁和人物图像（图8-22）。有学者认为，这批瓷器大多产自17世纪早期。当时中国正处于明清易代之际，因为战乱和清政府实行的海禁制度，让中国瓷器的外销遭受重创（图8-24、图8-25）。

图8-24 伊万里瓷器（左）

图8-25 伊万里瓷器（右）

日本是中国的近邻，很早就使用中国瓷器。1616 年，日本人在伊万里港口附近的有田发现了瓷土，开始烧制瓷器并大量出口欧洲，欧洲人称其为“有田烧瓷器”。日本与中国南方的漳州、泉州和景德镇的瓷器产地相距较近，会仿制中国的瓷器，甚至有些伊万里瓷器就产自中国。这些瓷器到达欧洲后，工匠们用银精心装饰，不仅让瓷器更加美观，还能将它们组合成适宜欧式就餐习惯的套装餐具。

水晶餐具巧夺天工

皇家餐具博物馆有几个装满水晶和玻璃制品的展柜。各种餐具晶莹剔透，流光溢彩，造型秀巧玲珑，璀璨夺目。水晶是宝石家族的一个分支，属于天然的稀有矿物。上乘的天然水晶价值极高，像黄金与钻石一样以克拉计算。这座博物馆为何会有成柜的水晶制品呢？

原来它们并非全是纯天然的水晶，而是仿真水晶玻璃制品。若是不经专业仪器鉴别，一般人很难区分。这是对制作玻璃的原料与工艺进行革新后形成的一种新材料，叫做“水晶玻璃”，或者“人造水晶”。

图8–26 各色玻璃餐具

人造水晶的配方与工艺都是以玻璃制造方法为基础。早在公元前五千年两河流域和古埃及的文化遗存中，人们已经发现了玻璃制品。其后工艺发展缓慢，直到12世纪玻璃才真正成为一种工业材料，而不再被视为稀有的宝物。那时的玻璃透明度低，工艺也很粗糙。为了提高透明度，欧洲人发明了水晶玻璃。到18世纪，英国、法国、德国、奥地利、匈牙利与波兰等国都出现了制作水晶玻璃的玻璃厂。其中奥地利的水晶玻璃仿真度最高，常常达到以假乱真的程度。

这与奥地利得天独厚的历史条件是分不开的。中世纪欧洲玻璃制品的先进技艺最先出现在威尼斯、摩拉维亚和波西米亚公国，它们都是奥地利的近邻与附属国，受到奥皇的控制，将出产的水晶与玻璃制品作为献给奥皇的贡物。在16—17世纪，德国和奥地利依靠阿尔卑斯山丰富的矿产资源，相继建成了两座知名度很高的玻璃厂，下面这些洁白的、淡绿的、深蓝的或浅蓝的酒杯，就是那个时代的产物。

到19世纪晚期，奥地利的玻璃餐具越发精巧了，几乎可与真正的水晶鱼目混珠，难辨真假。加之世代相传的玻璃切割与珠

图8—27 镶金水晶玻璃盆

宝打磨工艺日益精湛，奥地利的水晶、水晶玻璃和珠宝镶嵌艺术品，成为欧洲乃至全世界著名的奢侈品。

一款用女神像柱作为底座的镶金水晶玻璃盆的盆体很大，盆壁带有晶体花纹，镶嵌了四道金箍，盆沿两边装饰着一对秀巧的天使金耳，显得端庄大气。它是皇室的礼器，用于餐前洗手。

餐具博物馆里这些华美璀璨的水晶和玻璃餐具，曾在无数宴会上为强大、富有的奥地利皇族增添了无限的乐趣与风情，如今看上去仍然新潮、时尚（图 8−26、图 8−27）。

皇家宴席的餐桌

餐具博物馆还有一间展室，布置着皇家厨房用品。有各种铜锅、砂锅、烘烤糕点的平底锅、糕点模具、水壶、银盘子、传菜大盘和盖碗等，让人似乎能感受到宫廷厨房日常里的烹饪气息。真实的皇家厨房特别大，一次可以为几千人的宴会准备丰富的餐饮食物。这些炊具都是铜质的，铜导热性好，但必须镀锌，否则容易产生有毒的铜锈，因此需要时常检查锌面有无破损。奥地利皇家厨房里各种造型的炊具应有尽有，日常打理和使用它们，就需要近五千人的侍从团队。

不过，不以厨师为业的观众通常对那些大型厨具没有兴趣，反倒是餐桌上那些配套的小东西更令人好奇。

馆内有一间小型的家庭宴会厅，是皇家举行小型家庭晚宴的地方，再现了当时皇室家宴的基本格局。皇室的餐饮礼仪通常是按家庭成员的长幼编排座次，大家围着长桌坐定，座位前依次摆放银制的餐盘，餐盘下边放着精心折叠的锦缎餐巾。桌子中间摆放鲜花与各种糕点。

餐桌上每道菜使用不同的餐具，牛、鸡、鸭、鱼等肉排使用银器，汤和甜点使用瓷器。刀、叉和勺子上都有哈布斯堡家族的双头鹰标志。每道菜肴配备不同的酒和酒杯。比如莱茵河出产的葡萄酒，要使用绿色的玻璃酒杯。每个人都有自用的小葡萄酒罐、盐碟和水杯（图 8–28、图 8–29）。

馆内收藏了许多哈布斯堡王朝的桌布、餐巾、纸巾和成套的刀叉小件餐具。其中有一百多年前用上好的捷克亚麻制成的餐巾和桌布。最大的桌布长达 20 米。餐巾是根据宴会成员的身份定制的。有 1 米见方的“帝王型”与 70 厘米见方的“宫廷型”两种规

图8–28 刀叉与酒杯

格。桌布和餐巾上都绣有花朵图案，还印着皇家的皇冠标志。皇帝参加军事演习或出征打仗时则使用特殊的桌布和餐巾。若是到狩猎的别墅和出游的游轮上就餐，桌布和餐巾就更加精美。

皇家使用的餐巾不仅有固定的规格，并且质地柔软，可以折叠出各种花样。其中有一种最艺术的“皇帝折法”，只允许在皇帝加冕仪式的宴会上使用，它们通常放在各种糕点盘的空白位置。这种叠法属于秘密，每代只传授给两名挑选出来的女侍者。日常的普通宴会可摆放折叠成扇形、鱼形、贝壳形、天鹅形、鸭子形或花瓣形的餐巾，以增添宴会的活跃气氛和美感（图 8–30）。据说如今世界各大饭店服务生折叠餐巾的方法，最早就是从奥地利宫廷宴会上学来的。

在馆内还能看到款式多样的餐刀、叉子与小勺。欧洲人不像中国人那样使用筷子用餐。在早期的基督教文化里，他们认为人

图8–29 餐盘与刀叉（上）

图8–30 皇家餐桌上的餐具（下）

类只能用手抓取上帝赐予的食物，否则会受到上帝的惩罚。直到11世纪，情况才有所改变。威尼斯人首先发明了两齿的叉子，最初还遭到抵制。后来人们体验到叉子的好处，便把两齿的叉子增加到四齿、五齿甚至更多。

但是，喜好肉食的欧洲人仅用叉子难以撕碎肉块，因此切割肉块的刀子逐渐成为餐桌上的常用工具，出现了“餐刀”这个名称。法国人对餐刀进行了改良，去掉了刀尖，加宽了刀面，以免用餐时不慎受伤。勺子的广泛使用大约在中世纪，穷人多用木头削制的勺子，有钱人使用铁质或银质的勺子，奢侈的贵族则使用金质的勺子。

馆内收藏的奥地利皇家宴会使用的叉子、刀子和勺子，不是金质便是银质，款式多样，制作精良。其中有专为皇家外出狩猎或旅行制作的小件餐具盒，以及可以折叠的叉子、刀子和勺子。如女皇玛丽亚·特蕾莎和茜茜公主都曾为自己与丈夫特制便于携带的小件餐具盒，里边配备金质的餐刀、叉子、勺子、蛋杯与小盐罐等（图8–31）。

图8–31 玛丽亚·特蕾莎女皇的金质餐具套盒

这种便携式餐具套装盒后来在社会大众中也逐渐流行开来。当然，平民百姓使用的刀叉、勺子和套装餐具盒，多是铁质或铜质等普通材料，少了皇家的富贵气，不过功能却是完全相同的。

奥地利皇室成员是天主教徒。馆内有一些餐具带有浓郁的宗教色彩。自哈布斯堡王朝在奥地利当政以来，王室举行的节庆、婚丧以及国际交往的大小宴会多不胜计，宴会厅里招待的都是欧洲的皇室姻亲、贵族与政要。此外，还有一类令人意想不到的特殊客人，他们就是奥地利最为贫穷的乞丐。

基督教文化里有一个濯足节，来自耶稣在受难前夕的最后晚餐上为十二门徒洗脚。欧洲人为纪念耶稣设立了濯足节，一般在复活节前的星期四举行，所以又叫“圣周四”。笃信天主教的奥地利皇室十分注重这个传统节日，每年的圣周四都要举行皇帝和皇后为人洗脚的仪式。通常选择年老的男乞丐和女乞丐各 12 名，为他们洗脚，以纪念基督在洗礼时的谦卑行为，表示奥地利皇室真诚追随耶稣的谦卑、仁爱之举，以完成其授权的事业。为举办这种洗脚仪式，维也纳皇室特意置办了一些相应的餐具。

图8-32 濯足节使用的礼仪器皿

在仪式中，皇家要为乞丐准备四旬斋的食物，并配备一个带有双头鹰标记的银烧杯、一个带年代标记的银盘，一个装满白葡萄酒的带盖陶罐和一个装有 30 个银币的小袋子（意指犹大为了 30 个银币而背叛基督）。馆内现存用于洗脚仪式的银盘和银烧杯，都是 18 世纪由皇家的银匠们精心打造的，表征着哈布斯堡王朝的仁爱之心（图 8–32）。

皇家餐具博物馆展出的餐具，都是奥地利的历史文化见证，同时也是哈布斯堡王朝留给奥地利的一份珍贵的餐饮文化遗产。这些展品展现了哈布斯堡王朝曾经的辉煌与阔绰，也映射出奥地利统治者对于美食、美器的喜好，以及在礼仪、礼器等餐饮文化方面的精致追求。

9

PETIT PALAIS, CITY OF PARIS FINE ART MUSEUM

闹市中的艺术花园　巴黎小皇宫

卢浮宫世界闻名，巴黎游客都会专门安排时间去享受那份艺术的盛宴。相比之下，巴黎小皇宫美术博物馆（Petit Palais, City of Paris' Museum of Fine Arts）却容易被忽略。这家市立美术博物馆，在博物馆之都巴黎，确实排不上名次。但它就在巴黎市中心的大道旁，如果时间充裕，推荐大家进去看看。这座博物馆从馆舍建筑、室内装饰到艺术品的收藏和布展，都有自身的特色，尤其是馆内展出的雕塑和绘画，堪称绝色。在这里可以看到那些沙龙艺术家在雕塑和绘画中再现的20世纪初巴黎的名媛和绅士们。

大小“皇宫”

要说到小皇宫，先顺便说说大皇宫，它们就像一对双生子。这两座壮丽的宫殿式建筑，都是18世纪末期法国为迎接1900年举办万国博览会而建造的展览馆。它们位于香榭丽舍大道的旁边，一大一小，隔街相望。大皇宫雄伟壮观，小皇宫精巧华丽。

虽然名为皇宫，但它们与法国王室毫无关系，这两座建筑里从来没有住过任何国王或王室成员。但是，作为迎接世界各国宾客的面子工程，法国人在这两座建筑上镏金镀银，其豪华程度和富贵气派都足以媲美法国的皇宫，美轮美奂。后来有人将大、小皇宫与亚历山大桥和埃菲尔铁塔并列，合称为开创新纪元的“现

图9-1 巴黎大皇宫

代主义”四大建筑。

大皇宫(Grand Palace)由著名建筑师德格拉那(Henri Deglane)和卢伟(Albert Louvet)等四名建筑师共同设计(图 9–1),当时是巴黎最庞大的建筑物。正立面长240米,高43米,装饰着一个新艺术风格的柱廊。巨大的穹顶以伞形的钢架支撑,上面全部覆盖玻璃。

大皇宫最漂亮的装饰品是雕塑,在廊下、门口、屋角和屋顶,各处都耸立着雕塑作品,其中以法国名雕塑家黑悉蓬(Georges Récipon)创作的巨型飞马战车群雕像最为生动(图 9–2)。这些雕塑将高大宏伟的大皇宫装饰得更加华丽壮观,被誉为“法国艺术荣耀的纪念碑”。博览会结束后,其他建筑物都拆除了,大、小皇宫则得以保留,并作为法国和巴黎的象征,得到很好的维护。

大皇宫如今作为公共展览厅,用于各种临时展览、拍卖会和大型节庆活动。我们在巴黎时,大皇宫处于休闲季,没有太多展览。我们主要游览了小皇宫,留下很深的印象。

小皇宫(Petit Palais)位于温斯顿－丘吉尔大道和香榭丽舍大道交叉口。大楼转角处竖有一尊英国首相丘吉尔的雕像(图 9–3)。丘吉尔作为政治家和军事家,曾在第二次世界大战后期

图9–2 大皇宫屋顶的雕塑(左)

图9–3 巴黎小皇宫门外的丘吉尔雕像(右)

(1940—1945)担任英国首相，他为反法西斯战争作出了杰出的贡献，彪炳史册。但一位英国首相的雕像，为何会站在巴黎小皇宫的旁边呢?

原来法国政府在战争期间一度流亡英国，得到英国政府的帮助。因此战争胜利后法国将小皇宫旁边的这条街道，命名温斯顿 - 丘吉尔大道。1998 年庆祝第一次世界大战结束 80 周年之际，又在丘吉尔大道的尽端立了一尊丘吉尔铜像。铜像基座上镌刻着丘吉尔的名言："We shall never surrender"(我们永不屈服)。

巴黎女神圣殿

走近小皇宫，这座宫殿的恢弘气势令人赞叹。它的体量虽然不及大皇宫，但仍然很壮观。

1897 年，设计师夏尔 · 吉罗(Charles Girault)开始设计小皇宫，它在建筑风格上与大皇宫相呼应，但在细节方面却增添了不少新花样(图 9–4)。它的平面设计为梯形小院，运用天井将这座建筑变成一个四边围合的大楼，天井内设置花园。大楼内外都用爱奥尼柱廊装饰。楼顶建有高大的穹顶。在门口、门楣与屋角处都有漂亮的雕塑装饰，显得精巧玲珑，金碧辉煌。

小皇宫的铁艺大门特别美观。新艺术风格的金色铁花镶嵌在明亮的玻璃上，透过门洞便可看到院内的锦绣乾坤。

再向上看，与这个金色大门相配的门楣浮雕更是精巧秀美。它由法国雕塑家英贾勒贝尔(Jean Antoine Injalbert)创作，名叫《被缪斯包围的巴黎》，浮雕外围又装饰了多层细腻的雕花图案。仅仅从外部的"门户之见"，就成功勾起游人对小皇宫的好奇心(图 9–5、图 9–6)。

图9-4 巴黎小皇宫

如今小皇宫是巴黎市政府管辖的免费开放的市立美术博物馆。看到“免费”不免让人猜疑，里边是不是没有多少好看的东西？但进到馆内才明白，不能先入为主地判断，来参观的游人其实是受到了巴黎市政府的普惠。1901 年，万国博览会结束后，小皇宫被赠给巴黎市政府。经过百年的风雨，小皇宫一度破损，2003 年至 2005 年间，巴黎市政府进行整体翻新后重新开放。因此，我们看到的小皇宫气象一新。巴黎市政府推行“让人人享受文化”的政策，要求市立博物馆一律免费，市政府遂将小皇宫免费开放为艺术博物馆。

小皇宫不仅建筑外观雅致漂亮，内部装饰也极为细腻，从地面到屋顶，到处都令人目不暇接。天花板装饰着以“艺术之都巴黎”为主题的多幅大型壁画。楼梯呈流线型，扶手装饰着优美的铁艺花草图案，如同一道道秀美的饰带上下流转盘旋（图 9–7）。

不仅房间四壁装饰着不同时代各个流派的名画，院内的环形走廊也是如此（图 9–8、图 9–9）。室内地面上散置着人像雕塑，仿佛好客的主人在迎接宾客，活灵活现地出现在游人中间。

图9–5 小皇宫的大门（左）

图9–6 小皇宫门厅（右）

沙龙里的衣香鬓影

小皇宫各类展品都很丰富，既有埃及、希腊和罗马的古老文物，也有中世纪和文艺复兴时期的油画，近代的老家具和室内摆件，以及一些珍贵的手稿、书籍和摄影作品等，共计 45 000 多件（图 9–10）。它们被分为八大类，按照展品的时代先后展出。

欧洲著名艺术家的绘画与雕塑作品，如伦勃朗、高更、塞尚、大卫、安格尔、德拉克拉瓦、库尔贝、莫奈、卡尔波、达鲁、雷诺阿、契里柯等，在这里都可以看到（图 9–11、图 9–12）。甚至有大卫的《塞内加之死》、安格尔的《达芬奇死在弗朗索瓦一世的怀里》和莫奈的《冬季塞纳河拉瓦库尔特日落》这样的名作。而馆藏最丰富的，要数 19、20 世纪法国沙龙艺术家们的作品。

19、20 世纪交汇点的巴黎，雕塑家从埃及、希腊等古典作品中吸取养分，创作出许多具有浪漫主义色彩的美丽作品。不仅如此，他们还从材质、工艺等领域不断创新，突破原有的创作范式，

图9–7 小皇宫内的铁艺楼梯（上）

图9–8 小皇宫的壁画（中）

图9–9 小皇宫的壁画（下）

图9－10 小皇宫里的埃及文物（左上）

图9－12 小皇宫中的雕塑(右上)

图9－11雕塑《醉倒的酒神女祭司 RECUMBENT BACCHANTE》

让雕塑艺术逐渐走向现代。

牵猴的女士身穿长裙，表情沉静，低头看着铁链另一端那只栩栩如生的小猴子。她的裙子质地细腻，花纹逼真，看上去质朴自然。让人不禁好奇，这尊雕塑究竟是用什么制作的？这是法国雕塑家卡米尔·阿拉菲利普 (Camille Alaphilippe, 1874—1934)创作于1908年的作品，脸和手部用镀金的青铜，裙子是烧制的陶片，拼接在木头和铁制的框架上。这座综合使用了多种材料的雕像名为《带猴的妇人》(*Woman with a Monkey*)，充满了神秘的女性魅力，是新艺术运动的名作（图 9–13、图 9–14）。小皇宫收藏了三千多件雕塑作品，这件被推选为镇馆之宝。

图9-13《带猴的妇人》（左）

图9-14《带猴的妇人》头部（右）

除了栩栩如生的雕塑，小皇宫中最吸引我们的，还有那些俏丽的女子肖像画。墙壁上挂满了美丽的巴黎女郎，简直让人忘了挪动脚步。

据说19世纪的欧洲，很多绅士喜欢在办公室摆几幅美女肖像画消遣怡情，因此当时的女子肖像画非常流行。小皇宫展出的肖像画都是身材颀长，仪态优雅，着装精致，容貌妖冶的美女子。

比如1883年瑞士画家查尔斯·吉龙(Charles Giron, 1850—1914)创作的《巴黎女人》，也叫《戴手套的女子》(*Woman wearing gloves, also known as The Parisienne*)，描绘了一名黑衣女士（图9-15）。她黑衣、黑帽、黑鞋子，戴一双米黄色手套。女子已经打扮完毕，正在扣手套上的扣子，准备出门。她那优雅的姿态，无论走到哪里都很引人注目。

另一幅红衣女士肖像画名为《埃德加·斯特恩夫人肖像》（*Portrait de Madame Edgar Stern*），是卡罗洛斯·杜兰（Carolus Duran）创作于1889年的布面油画，1978年，吉哈德·斯特恩将其捐赠给博物馆（图9-16）。画中的女子穿红色露胸长裙，黑色的头发高高竖起，装饰着新月形的光亮头饰，肩膀上挂着一件外黑内褐的双色裘皮披风，亭亭玉立，光彩照人。同在画廊里的，

图9–15《戴手套的女子》(左上)

图9–16《埃德加·斯特恩夫人肖像》(右上)

图9–17 《兰西小姐》(下)

还有杜兰的《兰西小姐》(*Mademoiselle de Lancey*)，画中人穿着银色缎子的华丽裙子，斜倚在红色沙发上，眼睛直接望向观众，充满诱惑的魅力(图 9–17)。

小皇宫收藏了多种画派的女子肖像。画中的美女活色生香，每一幅都各具特色。在没有照相术的时代里，想绘制一幅逼真的肖像画需要花费几个月乃至几年时间。因而这些画作就显得尤为珍贵，正是在肖像画里，我们才得以看到巴黎那些美艳的女子们。

图9-18 花园庭院中的水池与柱廊

我们在小皇宫转了半天，略感疲倦。恰好庭院的柱廊下设有餐饮和咖啡店，适合坐下来吃喝休息。在等待上菜的间隙，我们仔细观赏了院子里的小花园。这座花园虽然不大，却布置得丰富而精巧，有池塘、喷泉和各种珍木花草。坐在廊下的餐桌旁品尝茶点，一边欣赏花园里的美景，真是无比惬意。这座庭院的设计，就是为了让观看博览会的人在嘈杂的会场中能够有一处休息的空间，如今已成为巴黎市中心难得的秘密花园。如果你在香榭丽舍大街逛得累了，不妨踏入其中，欣赏一下巴黎精心收藏的艺术珍品。

10

THE CENACOLO VINCIANO MUSEUM THE LAST SUPPER

藏在食堂里的名画　米兰《最后的晚餐》

通常来说，如果想看到人类历史上最伟大的艺术品，最佳的途径就是到世界的知名博物馆里去寻找。但是，也会有例外。

有些艺术名品，因种种原因无法离开其原初的环境，不能被博物馆收藏。为了使公众能够共享这些特殊的文化遗存，学者们便不断扩展博物馆的定义。比如，国际博物馆协会在“博物馆”定义的第一条第8款中，把“从事保存、永续维护和管理有形与无形文化遗产的文化中心与其他组织”，全都囊括在博物馆的麾下。意大利米兰市有一座不大的天主教堂，就是因为室内存有一幅世界顶尖的壁画，被列入米兰的博物馆序列。这座教堂也是因为拥有这幅壁画，早在1980年就被联合国教科文组织列入《世界遗产名录》。

虽说这座小教堂作为博物馆对外开放，只需购买门票就可入内参观。可是，想要看到这幅壁画的真迹仍然十分困难。这不仅仅因为首先需要来到米兰，经历路途劳顿之苦，更在于这座教堂博物馆立有十分苛刻的参观条件。

由于接待观众的展厅面积很小，展品对温度与湿度的要求又很严苛，每次参观的人数都被限定在25人以内，每人观看的时间则被限定在15分钟以内。每到15分钟，管理人员就会清场。据此估算，这座小教堂每天的接待量不足千人。若是想去参观，即使提前两三个月订购门票，还不一定能够订到。世界这么大，观众这么多，经常是一票难求。订了门票若是未能按时到场参观，过期作废，不退不换。参观时，要求观众进场必须衣帽端庄，不透不露，仪态虔诚，不言不语。导游们不可在堂内大声说话，否则就会被请出门外。此外还有最严格的一条规定，不准拍照！

那么，究竟是一件什么样的宝贝需要如此严密的保护，又具有如此巨大的引力呢？那就是人类绘画史上最著名的作品之一——达·芬奇的《最后的晚餐》。

僧侣食堂墙上的名画

说起米兰的教堂，闻名遐迩的是米兰大教堂。但要问起圣母感恩教堂在哪里？外乡人知道的就很少了。它位于米兰市薄伽丘大街圣玛丽感恩广场上，全名为圣母玛利亚感恩教堂(Santa Maria delle Grazie)，也称恩宠圣母堂。这是一座文艺复兴时代保留下来的古建筑群，由圣母感恩堂和多明我修会修道院构成，因而也叫“圣玛利亚修道院”。

这组建筑群始建于1463年，由多明我修会的圭尼弗尔特·索拉里兄弟主持兴建。到了1492年，修道院的工程还未完全竣工，米兰领主卢多维科·斯福尔扎大公(Ludovico Sforza)有了一个新的愿望，他想在死后与妻子一起葬在这里。据说他聘请了罗马最著名的建筑师伯拉孟特(Donato Bramante)，对教堂进行扩建。

图10-1 圣母感恩堂扩建的穹顶

图10–2 修道院花园

这次扩建的规模很大，以原教堂的中庭为基础，将建筑平面向四边展开。在南北方向加盖了半圆形壁龛，并在方形屋顶上仿照佛罗伦萨大教堂建造了带柱廊的圆形穹顶（图 10–1）。穹顶的方窗上装饰了三角形窗楣。在窗子的上部有一个漂亮的高空外廊，穹顶之上叠加了三层圆亭，此外还建造了餐厅、圣器室和方形回廊等。这座造型美观，色彩明丽的圆柱体教堂，与前部带有山字形立面的丁字形中庭，共同构成一个和谐的整体。

扩建后的圣母感恩堂，围绕着主体建筑附加了一处带拱券的方形回廊，回廊小院内设计了精巧的几何形花坛，使整座教堂显得格外优雅宁静（图 10–2）。

教堂内部的设计也非常别致。墙壁上装饰着许多古老的绘画和雕塑，多是耶稣和圣母玛丽亚的生平故事。沿着中庭看过去，一排排圆柱上方的一道道圆门尖券十分壮观，呈现出绵延不绝、别有洞天的空间效果（图 10–3）。

就建筑而言，这座圣母感恩教堂只是欧洲众多教堂中普通的一座。它之所以能够享誉世界，并非因为建筑的古老久远或样式的美观别致，而是因为在这座教堂食堂的墙壁上，诞生了一幅世界名画——达·芬奇的《最后的晚餐》（图 10–4）。

图10–3 圣母感恩堂雕塑

列奥纳多·达·芬奇(Leonardo da Vinci，1452—1519)是意大利文艺复兴三杰之一。他不但在绘画方面成就超绝，而且在音乐、建筑、数学、几何、解剖学等领域都卓有建树，甚至还发明了许多机械用具，是一位艺术和科学的全才。

他出生在当时佛罗伦萨共和国的芬奇镇，是公证员瑟·皮耶罗·达·芬奇(Ser Piero da Vinci)的私生子。由于母亲出身卑微，没有留下准确的出生记载。达·芬奇幼年没有受过正规教育，14岁时投到佛罗伦萨画家安德烈·德尔·委罗基奥门下学习绘画，十年后他自立门户成为画家。他所拥有的多学科知识主要是自学成才，因此他常常自称是没文化的人。他在许多领域都有创建，留下了大量的手稿，如今存世的就有七千多页，对许多学科产生了深远的影响，被誉为世界上罕见的天才。

达·芬奇分给绘画的时间并不多，是一位低产的画家。据说他是一个完美主义者，只要不能令自己满意的作品，他都毁掉了。人们统计过他留下来的全部绘画，总共不足60幅，其中还有一些被怀疑为后人冒名的作品。他的部分绘画被私人收藏，藏于世界各大博物馆的作品，大多都被视为镇馆之宝。其中名气最大的是《三博士来朝》《岩间圣母》《蒙娜丽莎》和这幅《最后的晚餐》。

图10-4 藏有《最后的晚餐》的食堂

《最后的晚餐》是达·芬奇在米兰就职时，为赞助人卢多维科·斯福尔扎大公创作的宗教画。1482 年，他从佛罗伦萨来到米兰，一直在卢多维科的宫廷里担任画师和设计师，深得卢多维科赏识。

1495 年，他承担了为圣母感恩堂绘制壁画的任务，却迟迟不见进展。修道院院长看到达·芬奇总是在壁画墙前转来转去却不肯动手作画，非常生气。他多次催促都没有效果，于是就向卢多维科大公报告，说这个画家懒散怠工！卢多维科问及达芬奇原因，达·芬奇回答：主要是因为他还没有找到画中那个出卖主子的犹大的原型，他为此也十分焦虑，如果实在太急，倒是可以用院长来当模特。

教堂里有一位神父向来对院长颇有反感，他听到达·芬奇以院长作为犹大原型的建议连声赞同，两个人开怀大笑。这只是一桩轶事，也有人说后来画里犹大的原型，是达·芬奇从米兰监狱的犯人中找来的。

1498 年，经过三年多的艰辛创作，圣母感恩堂餐厅后墙上的巨幅壁画《最后的晚餐》终于完成了。达·芬奇巧妙地利用了房间后壁那 44 平方米的面积，创作出宽 8.8 米，高 4.6 米的巨幅绘画。画中的人物比真实的人物放大了一倍，与房间内其他壁画和装饰十分融洽。壁画揭幕后，主顾卢多维科大公十分喜欢，极力赞扬。消息迅速传开，这幅壁画在欧洲画坛上的名气越来越大，达 · 芬奇由此享誉画坛。

神子、圣徒与罪人

《最后的晚餐》是《圣经》里的一个著名故事。据《马太福音》第 26 章记载，在逾越节的晚上，耶稣和他的 12 门徒一起聚餐，席间耶稣告知大家，门徒中有一个人出卖了他。这个题材在欧洲以往的宗教画中被反复表现。仅在佛罗伦萨，达 · 芬奇从少年时代就见过了安吉里柯修士、吉兰达约、安德雷亚 · 德尔 · 卡斯塔尼奥等名家创作的《最后的晚餐》，这些作品都非常精彩。那么，达 · 芬奇会如何描绘这一传奇性的晚餐呢？

以往的画家们描绘最后的晚餐时，常把耶稣置于宴席的中心，为了突出他作为神之子的地位，总是在耶稣的头顶画出光环，表现他的非同寻常。而那个出卖了耶稣的叛徒犹大，通常被安排在餐桌的另一边，穿着黑色的袍子，孤立凄零，便于辨认。但达·芬奇创作时，舍弃了画家们通常选用的庆祝场面，打破了人们围桌而坐的用餐习惯，而是让耶稣和 12 门徒坐在一张长排桌上，所有的人全都面向观众。耶稣同普通人一样，身着红袍，披蓝色斗篷，头发披散，随意地坐在排桌的中央（图 10–5）。其余的 12 门徒分成 4 个三角形小组。犹大也像平时一样，混入门徒之中，师徒们的服饰装束都与现实的人群无异。整幅画面如同一场拉开了大幕的舞台剧（图 10–6 ~ 图 10–8）。

图10–5 《最后的晚餐》(局部)

黄昏降临，耶稣和12门徒一齐来到圣母感恩堂，在餐厅的长桌旁坐下来。耶稣对门徒们说："大家都饿了，我们开始用餐吧！这是我们师徒最后一次聚在一起用餐了。"众人不明就里，一齐向师父望过来。耶稣摊开双手说："你们之中有人出卖了我。"这句话就像一个响雷，门徒们全部震蒙了，立即表现出极度惊诧的神情。

画面中的人有的惊恐、有的愤怒、有的怀疑、有的急于剖白自己……神态各异。瞧！左边第一组最靠边的巴多罗买，双手按着桌子猛的站起来转向了师傅。达太也站起来，左手向中间指着。安德烈耸起肩膀，摊开双掌，好像在说：可不是我呀！

第二组中靠在桌前的犹大，左手原本伸向餐盘正要取食物，听了师父的话顿时愣在那里，身子随即向后退缩，右手紧紧地撸着他的钱袋。彼得的右手握着一把餐刀，恰恰绕在犹大的后背，左手搭在约翰的肩上。约翰紧张得双眼紧闭，靠着彼得。坐在中间的耶稣摊开双手，脸上露出悲悯而又镇定的神情。

图10-6、图10-7《最后的晚餐》(局部)

右边第一组中的多玛竖起一个手指，似乎在向师父询问。大雅各表情严肃，若有所思，好像想起了什么事。腓力站起身来，双手抚着胸膛向耶稣剖白。第二组中的马可将手伸向耶稣，似乎要问个明白，却又将脸转向西门和小雅各，三个人仿佛在讨论谁可能是告密者。他们每个人的手势和神色都被达·芬奇刻画得精细入微，惟妙惟肖。置身于壁画前，仿佛看到了这些门徒之间相互怀疑、质询和愤怒的精彩表演。

那么，究竟谁是出卖了耶稣的叛徒呢？观众们根据画面中人物的表情和举止，找出了那个手中紧握钱袋，将头转向背光处的人，他就是出卖了师父的犹大。

达·芬奇是一个善于使用手语的大师，他在许多作品对手的描绘都很用心。在壁画《最后的晚餐》中，他也借助手语来讲述故事情节，展示人物的内心活动。他为每个人的双手都设定了独特的含义，仅仅从13个人物的手姿变化上，就能看到故事场景中所充斥的猜疑、质询、惊恐、悲愤、焦虑，剑拔弩张的紧张气氛和复杂多样的情感表达。

光线的运用也是《最后的晚餐》中一个绝妙之处。画面中耶稣背后的墙壁上开设了三道窗，屋顶上的山花也由上而下透出几道

图10—8 《最后的晚餐》(局部)

亮光。夕阳的余晖好像是从室外自然地照进来，将光线洒在耶稣和门徒的脸上，不同的人物在明暗不同的光线下产生出不同的表情。唯有犹大的脸朝着背影，由此刻画出一个肢体猥琐、面部阴暗、内心刻毒的告密者形象。

研究者还专门对达·芬奇在这幅壁画中运用的透视法，进行了深度的揭示。这种画法让画面成功地呈现出立体空间效果。他使用了焦点透视法，即景物中的天花板、墙角、地砖、壁柱连线、桌椅边线、窗框边线及斜角阴影边线等处的延伸虚线，相交于画面深处的焦点上，最后消失在耶稣背后的窗口里。餐厅的墙壁边线与天花板上的方格图案也不断向后退缩，使景象由近及远不断深入，从而在二维图面上表现出三维的立体感，构成和谐的空间关系和宛如真境的视觉效果(图10—9)。

这种光影处理充分展现了达·芬奇高超的绘画技艺，奠定了他在艺术史上的大师地位。达·芬奇的《最后的晚餐》、米开朗其罗的《末日审判》和拉斐尔《雅典学院》，被誉为文艺复兴全盛时期的三大杰作。这幅《最后的晚餐》无愧为“千古不朽的杰作”。

图10-9 圣母感恩堂中的壁画《最后的晚餐》

修复与再生

《最后的晚餐》在圣母感恩堂餐厅的后墙上已经存在了五百多个年头。面世以来，它曾遭遇到潮气的侵蚀、人为的破坏和战争的摧残，每天都面临着毁失的危险。评论家们说，达·芬奇《最后的晚餐》无论绘画的构图，色彩的运用，还是光线的技巧，都是完美无暇的。可是，达·芬奇是个勇于创新的人，他在这幅壁画中尝试的色彩原料调试与干壁画法试验却是失败的。

创作这幅壁画时，他舍弃了欧洲传统的湿壁画绘制法，而是在干燥的墙上，用类似油画的方法绘制。他还用牛奶和蛋清调试了一种油彩和蛋彩相混合的颜料，从而使作品富有光泽，更加逼真。但事实证明，这种画法经不起时间的考验。正是这次创新让他的作品在诞生不久就处于危难之中。

《最后的晚餐》完成后仅仅几年时间，壁画上面已经出现了龟裂。加之餐厅内湿气较重，50多年后，壁画上的颜料便开始剥落，不得不经常修复。艺术史家列举了《最后的晚餐》面世以来的五百

图10–10 《最后的晚餐》现状

多年间经历过的几次劫难，从中可知它在险象环生的状况下保留下来，堪称奇迹。

1499 年，法国的路易十二 (Louis Ⅻ) 率军占领了米兰王国。他到达米兰的第二天就到圣母感恩堂观看了《最后的晚餐》。当时，这幅画刚刚完成还不到一年。他被这幅宏大、新颖、和谐的壁画折服了，立即问助手泽扎里，是否能将其切下来搬回法国。助手说，这在技术上不太可能。但路易十二不死心，派人找到了画家本人。达 · 芬奇摆出多种无法搬动的理由说服了路易十二，才将这幅壁画保留下来。据说，达 · 芬奇后来还让徒弟为路易十二绘制了一幅与这幅壁画尺寸相同的油画《最后的晚餐》。如今这幅油画收藏在比利时的唐格洛修道院 (Tongerlo Abbey)。

1652 年，圣母感恩堂的僧侣看到《最后的晚餐》已经剥落得不成样子，便不再抱有修复的希望。他们在餐厅后墙上开了一道通往厨房的小门，将壁画中间耶稣与三个门徒伸在桌子下面的脚挖掉了。后来那道门虽然又被封上了，但失去的几只脚却再也无法修复了。现在这幅画底端，仍然保留着这道门的形状。

1796 年，拿破仑的军队占领米兰后，在圣母感恩堂里驻军，餐厅一度变成了马厩。闲暇时，士兵们便把壁画中的人物头部当作靶子，比赛抛掷石块的准确度，遂将这幅壁画糟蹋得面目全非。法国人战败撤离后，米兰人对它进行了全面的修复。

1943 年，米兰遭到盟军飞机的轮番轰炸。8 月 15 日，圣母感恩堂和会院食堂的屋顶全被炸弹掀翻，大部分墙壁都倒塌了。教堂的僧侣们在战争期间为了保护壁画曾利用沙袋与木板保护墙体，才使这道绘有《最后的晚餐》的墙体得以幸存。但是，壁画由于长时间被尘土掩盖，密不透风，画面上长满了霉斑，已经变得模糊不清了。

米兰人不肯轻易放弃这件世传的珍宝，他们还要下大功夫来修复。从 18 世纪开始，修道院不断请画家修复《最后的晚餐》。遗憾的是，这些修复工作与其说保护了壁画，不如说让壁画遭受了更多的破坏。第二次世界大战之后，意大利修复专家毛罗 · 佩里乔利 (Mauro Pellicioli) 主持修复《最后的晚餐》。这次修复从 1946 年进行到 1954 年，始终不能取得令人满意的效果。因为这幅壁画在五百多年的岁月里曾经进行过十多次修补，画面上的伤疤太多，就像一位久病难医的老人，已经病入膏肓了。于是意大利人决心对它实施大手术，让它脱胎换骨。

20 世纪 80 年代，《最后的晚餐》修复工程再次拉开了帷幕。1978 年，意大利政府组织了以皮宁 · 布兰比拉 · 巴西隆 (Pinin Brambilla Barcilon) 教授为领导的修复团队。这位已届中年的女性学者为了恢复大师作品的原貌，经常在脚手架上用手术刀、锉子、镊子和显微镜，一点一点地擦除五个世纪以来蒙在画面上的污垢以及历代修复者所涂盖的色彩、各种填充物，以求能够正

图10-11《最后的晚餐》吉皮特里诺摹本

本清源。

就这样，她和同事们整整干了20年，耗资七百万马克，终于使《最后的晚餐》再次复活。1999年3月，这幅壁画才得以重见天日，被人们称为“世纪修复”（图10-10）。

那么，有谁见过这幅壁画最初的样子呢？意大利人是如何把一幅五百年前的古画“整旧如初”呢？这就不能不提早年临摹过达·芬奇作品的画家们。自从《最后的晚餐》诞生后，就有许多画家来米兰临摹这幅壁画，留下了大量的临摹作品。正是有了众多的临摹品，《最后的晚餐》才得以在世界上广泛流传为大众所知。

修复小组找到了20多幅距原作时间最近的临摹品，进行比对研究。经过艺术史家的鉴别，现存的临摹作品中，以1510年奥乔纳（Marco d'Oggiono）临摹的一幅油画时间最早。虽然它尺寸比原作略小，但也备受珍视，收藏在法国卢浮宫博物馆管辖的埃库昂城堡。另一幅重要摹本是1520年达·芬奇的学生吉皮特里诺（Giampietrino）绘制的，和原作尺寸接近，现藏于英国伦敦皇家艺术学院（图10-11）。此外还有前文提过的，比利时唐格洛修道院所藏的达·芬奇学生安德里亚·索拉里（Andrea Solari）的摹本。

这些摹本都为绘画修复提供了重要参考。同时，修复小组利

图10—12 蒙托尔法诺绘制的《十字架上的耶稣》

用红外光和显微技术等诸多现代科技手段，寻找达·芬奇原作的痕迹，对千疮百孔的壁画进行修补，最终使它呈现为今天能够看到的样子。

修复工作完成后，也受到过不少批评。有人认为，这次修复去除了历史修复的痕迹，将达芬奇的原作直接暴露出来，使它比任何时候都更加脆弱了。还有人认为，今天的修复未必比此前历次的修复高明，擦去古人的修复痕迹得不偿失。然而，如今世界各国的艺术爱好者来到米兰，仍能在圣母感恩堂的墙壁上看到达·芬奇的《最后的晚餐》真迹，正是得益于自古以来对破损的原作进行的不断修复。

从以往的修复过程中人们了解到，想要将《最后的晚餐》从墙壁上取下来，送到环境更容易控制的博物馆中，可能会对壁画造成无可挽回的损坏。因此，只好将这个修道院的餐厅变成博物馆，严格地控制室内的温度、湿度和空气质量。所有的窗户全部封死，室内放置了空气处理设备，参观的人数也受到限制。

如此一来，参观者要经历多个环节才能看到这幅名画，而全部的欣赏时间只有15分钟。但是，在原初的环境中观看这幅壁画，会对壁画的情境有更加直观的认识。

餐厅内还有其他保存下来的壁画。《最后的晚餐》对面是蒙托尔法诺(Giovanni Donato da Montorfano)创作的《十字架上的耶稣》，据说画中有几个人物，是以斯福尔扎大公家族的人物为原型，由达·芬奇添加的(图10–12)。

置身于这个房间，仿佛能够感受到文艺复兴大师达·芬奇所生活的和进行创作的环境，这种感受是在博物馆观看绘画所无法比拟的。站在壁画前的15分钟会让许多人毕生难忘，足可值得所有付出的努力和等待。

11

REMBRANDT HOUSE MUSEUM

暗夜照亮画家的脸　伦勃朗故居博物馆

伦勃朗是17世纪荷兰画派的主要人物，也是欧洲巴洛克艺术的代表画家。在世界艺术史上，他的肖像画、风景画、风俗画和宗教画都有很大的影响力。他被誉为荷兰历史上最伟大的画家。

伦勃朗故居博物馆(Rembrandt House Museum, Museum Het Rembrandthuis)位于阿姆斯特丹乔登布里街4号。这幢楼房始建于1606年，从1639年到1658年，伦勃朗在这里居住了20年，度过了他生命中最美好的时光。他在这里完成了群体肖像画巨作《夜巡》。正是这幅作品为他招来了官司，他从此跌入苦难的深渊，经过十年的凄风苦雨，在贫困潦倒中撒手人寰。1911年，经荷兰威廉敏娜女王授意，将伦勃朗故居改造为博物馆，对外开放(图11−1)。

1990年，伦勃朗故居博物馆进行了修葺扩建，将原有的三层楼扩为四层，展览面积增至500平方米，小楼底层开设售票厅和礼品商店，二楼设置伦勃朗的生活起居室，三楼复原为伦勃朗画室，顶层的阁楼举办各种临时性展览。在原建筑左侧还建造了一座新建筑，容纳办公空间和蚀刻画展览。人们在伦勃朗故居中，能够体验到17世纪荷兰画家的日常生活情景，更深入地了解这位画家的生平细节。

图11−1 伦勃朗故居博物馆

初露头角：《杜普教授的解剖课》

伦勃朗的全名为伦勃朗·哈尔曼松·凡·莱因(Rembrandt Harmenszoon van Rijn, 1606—1669)。他出生在莱顿的富裕磨坊主之家，共有9个兄弟姐妹，伦勃朗最小，被父亲认为是孩子中最聪明的一个。他14岁时，被送进莱顿大学学习法律，希望他成为律师支撑门面。但伦勃朗对法律没有兴趣，经常跟着当地的一位画家学习绘画。17岁，他从莱顿大学退学，投奔阿姆斯特丹著名画家拉斯特曼门下，专心学习绘画。

伦勃朗刚刚成年就掌握了素描、版画和油画的基本技巧，并开创了自己的绘画风格。1625年，他回到家乡开门授徒。在这期间，他为自己和家人绘制了许多肖像，很快就成为一个小有名气的肖像画家。

1631年，伦勃朗再次离开家乡，到阿姆斯特丹定居。第二年，他完成了作品《杜普教授的解剖课》(图11–2)。这是一幅群体肖像画，由阿姆斯特丹外科医生行会订制。

伦勃朗擅长在人物肖像画中设计生活场景，营造具有戏剧性的舞台效果。他在这幅画中设计了一堂解剖课，让医生行会的顾

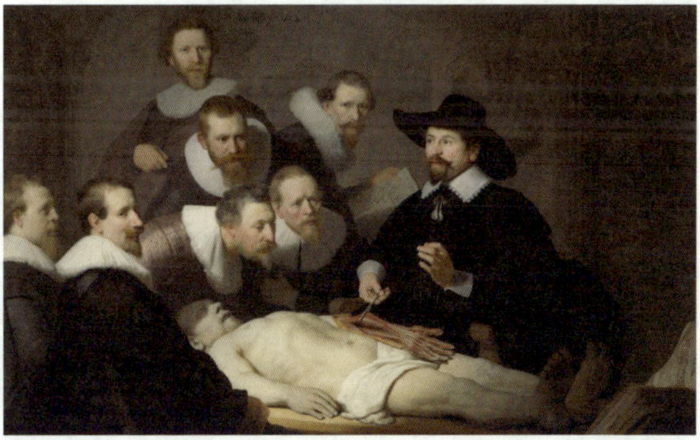

图11–2《杜普教授的解剖课》（莫瑞泰斯皇家美术馆藏品）

主们围着解剖台，由杜普教授手执解剖刀，一边解剖尸体，一边讲解人体的肌肉特征。画面中的人物围绕着尸体的解剖，展现出各自的精神面貌。

这幅作品打破了荷兰制作群体肖像画的呆板模式，生动地展现出故事的活动场景和文化内涵，赢得人们的一致好评，被认为是伦勃朗画技成熟并形成独特风格的重要标志。

这幅《杜普教授的解剖课》给伦勃朗带来了很高的荣誉，也带来了真金白银，荷兰的一位画商还把侄女嫁给伦勃朗为妻。他的妻子叫沙斯姬雅，不仅长得十分漂亮，并且还有着贵族身份。这幅画让伦勃朗一石三鸟，不但获得了名与利，还赢得了美满的婚姻。

《伦勃朗与妻子沙斯姬雅自画像》也创作于这一时期，展现了他与妻子美好的新婚生活。他的头上戴着装饰了羽毛的黑帽，腰里挂着长剑。年轻的妻子坐在他膝盖上，他一只手搂着衣着美丽的娇妻，另一只手举着斟有美酒的高筒杯。妻子含羞娇嗔，丈夫脸上则洋溢着欢快的笑容。这幅画就是他当时春风得意幸福生

图11–3《伦勃朗与妻子沙斯姬雅自画像》（又名《妓院的浪子》，德累斯顿历代大师画廊藏品）

活的真实写照（图 11–3）。

美好的前程似乎已经在伦勃朗的面前展开，此时正值荷兰的黄金时代，海外贸易与科学艺术都取得了巨大的成就。阿姆斯特丹是荷兰的经济大都会，聚集了许多富商大贾。伦勃朗在这里如鱼得水，名气如日中天。发了财的新贵们源源不断地向他订画，他凭借手中的画笔，很快就买下了运河边上的这套豪宅，然后又开始收藏名画、古物，过上了上流社会的富足生活。可惜，幸福的生活犹如昙花一现，很快就被他的另一件作品给毁掉了。

招致厄运的《夜巡》

1637 年，荷兰国民卫队新建了一幢公会大楼。装饰会议大厅时，人们认为大厅的墙面宽阔，能够悬挂六块巨幅图画。巡警们想请画家为他们绘制一幅群体肖像挂到墙上去。他们认为，这样不仅可以向市民展示自己的英雄形象，还可以借助著名画家的作品流芳百世。当时这个卫队有 16 名队员，他们决定聘请肖像画高手伦勃朗来绘制，每人交了 100 荷兰盾，然后就等待着自己的光辉形象被悬挂到公会大厅里去。

图11–4《夜巡》（荷兰国立博物馆藏）

然而1642年伦勃朗向巡警们提交作品时，结果却与他们心中的想象大不相同：队长和副队长位于画面中心位置，似乎在商议着什么，队员们有的打着旗帜，有的擦着枪管，右边还有一个击鼓的人。原本应画出16个人的正面肖像，现在却出现了30多人，背景夹杂了一些看热闹的，前边还有个姑娘。有评论者认为，伦勃朗设计的是巡警们接到报警后开始行动画面，由于光线较暗，后来又被误解为巡警们的夜间行动，因此将这幅画命名为《夜巡》(图11—4)。

伦勃朗绝不会想到，这幅作品给他惹来了无尽的麻烦，酿造了他后半生的凄凉生活。有些巡警认为，大家交付的钱一样多，但画面上的人物却有高有低，有大有小，面部表情也有明有暗。有人处的位置太偏，有人只露半张脸，有人隐在黑影里连脸也看不清楚。这让许多人不满意，甚至觉得自尊受到了伤害。他们要求伦勃朗毁掉它重新绘制，不然就退还画金。这幅巨作高3米多，长4米多，伦勃朗花费了大量的时间和心血。他本人对作品十分满意，怎么能说毁弃就毁弃呢？他解释了不能修改和重画的理由，但那些巡警们不依不饶，对他进行了长时间的围攻和怒骂，后来甚至把他告上了法庭。当时的艺术家和评论家们也都不给一句好评，批评他的画色调太暗了。为他介绍订户的画商也随风而倒，认为他破坏了自己的生意，也跟他过不去。还有一位诗人评论家写诗讽刺他，给他取了个绰号，叫做“黑暗王子”。

这桩案子被后世评论家称作绘画史上的“审美冤案”。它给伦勃朗的绘画生涯蒙上了浓浓的阴影，使他从此厄运不断。国民卫队的巡警们声称，一定要毁掉伦勃朗的生活。他们到处宣传伦勃朗不遵守订货合同，不讲职业道德，还有人揭露伦勃朗曾让妻子做裸体模特，绘制宗教题材的画作，有辱宗教庄严。伦勃朗与妻子沙斯姬雅生了3个女儿，都不幸夭折了。他妻子30岁时生下小儿子泰塔斯之后，不幸也病逝了。随后他的女仆韩德瑞克与他同居了。考虑到要维护妻子的遗产，伦勃朗一直没有与女仆办理婚姻手续，但他们却生下了一个女儿。为此，伦勃朗受到教会的严厉谴责，被视为道德败坏的通奸者。

尽管伦勃朗后来画技日益精湛，创作出许多宗教体裁的油画和反映乡村风景的素描及版画，但毒舌流行，满城毁谤。他的作品少人问津，偶尔出售，也卖不上好价钱。而习惯了奢侈生活的家人仍然肆意花钱。伦勃朗本人也对社会缺乏认识，误入了投资的陷阱。当时的荷兰正处于资本主义上升期，经常出现经济泡沫。资本家先是疯狂暴炒郁金香，泡沫破灭之后又纷纷转入绘画市场。完全没有理财经验的伦勃朗雄心勃勃，热心购置了许多名家绘画，还有一些古罗马皇帝的胸像、图徽、动物标本和奇特珍玩，导致入不敷出，债台高垒。

1658年，伦勃朗彻底破产了。他购买的豪宅和收藏的名画、古物都被银行没收拍卖了。绘画行业炒作的泡沫已开始消解，他当年高价购置的画作价格暴跌，他的财产被拍卖后仍然不能偿清债务。伦勃朗的生活贫困潦倒，连房租也交不起，只好迁入犹太人居住的简陋小屋。

当生活失去着落，他甚至放下颜面去给自己的学生当模特。1669年，这位被后人称为伟大画家的伦勃朗在贫病交加之中含恨离世，终年63岁。死后安葬在阿姆斯特丹西教堂的无名墓地中。据说他去世时身边只有一件外套和一个画箱。他的丧葬费用与掩埋乞丐相同。

然而到了18世纪，国际画坛对伦勃朗的《夜巡》好评如潮，赞不绝口。这幅绘画的内涵令人浮想联翩，争议不断：他画的是“日巡”还是“夜巡”？很多人认为是“日巡”，那是否应将其更名为《日巡》呢？画中的那个姑娘是谁？为何要将她摆在画面的显著位置？她腰中为何要挂着一只鸡？是否有什么特殊的含义？

有人说，《夜巡》展现了阿姆斯特丹的国民卫队即将投入战斗的紧张场面。还有人猜想，《夜巡》意在揭露画面背后隐藏的一桩凶杀案，凶手就在这幅画中。因为伦勃朗知道，他画的这群巡警并不是卫城安民的英雄，恰恰相反，他们中不少人都有劣迹，有的甚至是强奸孤儿院少女的恶棍。他要通过自己的画笔来揭露这桩谋杀案。这种评议颇有影响，后来意大利还就这桩事件拍摄了一部电影，就叫做《夜巡》。

自画像里的浮沉人生

伦勃朗作品中名气最大的要数肖像画。肖像画《夜巡》让他受尽了委曲，但他仍然钟情于这个品类，为后世留下了大量肖像作品。艺术史有一个词叫做“特罗尼”，即荷兰语中的“脸”。伦勃朗所画的“脸”具有独特的气质。如《西欧文明》作者评价的那样：

“伦勃朗是一位真正的肖像画大师。人类的内心世界是随着年龄和经历的增长而日益丰富的。从伦勃朗创作的肖像画上可看到，越是老迈、饱经沧桑、皱纹纵横的人，似乎越是焕发出一种难言的魅力，似乎那苍老的面容和深邃的眼神里蕴藏着你所企图追寻的人类各种思想、情感和生活的哲理。”

伦勃朗肖像画中数量最多的是自画像，他是自己最忠实的模特。从最初学习绘画时，他就注重表现面部的丰富表情。从年轻到年老，他一直不间断地描绘着自己的脸和服饰，真实记录了从14岁开始的成长过程，数量多达百余幅。这些自画像有油画、铜版画和素描等多种形式，将伦勃朗的喜怒哀乐和生命感悟全都表现在画面上。有时他还把自己打扮成各种人物，让人生充满了丰富多彩的戏剧意味。1669年，辞世前夕，他绘制了自己63岁的自画像。这些画让我们看到一个意气风发的青年，怎样变成了一个饱经苍桑，双目深沉的老人，体味到岁月的年轮和生活的重压是如何改变人生的(图 11-5~ 图 11-8)。从这些自画像里，观众不仅能看出伦勃朗绘画技艺的变化，还能读出他那丰盈的内心世界。

图11-5《1629年头插羽毛的自画像》（伊莎贝拉嘉纳艺术博物馆藏品）（上左）

图11-6《1639年自画像》（卢浮宫藏品）（上右）

图11-7《1659年的自画像》（华盛顿国家美术馆藏品）（下左）

图11-8《1669年的自画像》（莫瑞泰斯皇家美术馆藏品）（下右）

寻回故居

伦勃朗的作品从18世纪开始逐渐成了抢手货。到20世纪，欧洲画坛日益尊崇伦勃朗，他生前创作的600多幅油画、300多幅蚀版画和2000多幅素描都得到了普遍的好评。评论者认为，伦勃朗的作品具有强烈的表现力。他运用光线和阴影表现人物面貌的绘画技术承袭了意大利的著名画家卡拉瓦乔，而在表现人物故事场景和精神面貌方面还要技高一筹。此后，伦勃朗的自画像价格升至上千万美元，随便一幅素描也价值几十万美元。

这让荷兰人不禁对这位先贤刮目相看了。重新认识到伦勃朗的价值后，他们生出了许多创意。为了让来阿姆斯特丹朝圣的追随者有机会近距离地接触这位伟大的艺术巨匠，荷兰人在运河边上的老房子里找出了伦勃朗居住过的这幢三层小楼，将其改造为伦勃朗故居博物馆，来研究和宣传伦勃朗的作品和生平。

伦勃朗故居是依照17世纪的情景"恢复"的。20世纪初筹办博物馆时，伦勃朗已经离世二百多年了。他的这座故居已经几经易主，数次翻新。而他的居家用品，包括他的各类作品，都已经不复存在了。幸好1656年伦勃朗破产后他的物品全部被拍卖，

图11–9 伦勃朗故居内院阴沟的考古发现

图11-10 厨房（左）

图11-11 挂满画作的卧室兼起居室（右）

当时的拍卖清单保留了下来。根据清单的描述，可以详细了解当时伦勃朗拥有哪些物品，为“恢复”伦勃朗故居的室内布置提供了绝好的参照。

博物馆根据这份伦勃朗个人物品名录，赎回了他的 260 幅蚀刻版画和 4 个铜蚀刻板，作为博物馆的基藏展品。又根据清单购买了同样的古董家具，以恢复故居内部的陈设。他们在餐厅里摆设了粗笨的木头桌子和椅子，卧室里摆上了与清单同款的古董厢式老床，蜡烛发出微弱的光，楼梯还原了当时陡峭狭窄的样子，力图表现出这座房子 17 世纪的风貌。博物馆还对伦勃朗住宅的内院进行了考古发掘，在阴沟里发现了一些 17 世纪的陶器碎片，它们可能是伦勃朗一家曾使用过的（图 11–9）。

同许多荷兰住宅一样，故居的底层是家庭厨房（图 11–10）。厨房里放有一张床，供女仆使用。二楼和三楼是主人的卧室、伦勃朗的收藏室和画室等。主人的卧室同时兼做客厅，床只占据了很小的空间，室内有一个雕刻精致的壁炉，房间四壁挂满了绘画（图 11–11）。然而这些画作并非都是伦勃朗的。伦勃朗的画作分散在世界各地，《杜普教授的解剖课》《夜巡》这样的名作，多收藏在国家级的艺术博物馆，他的画作价格不菲，不是轻易可以购得。因此 2010 年之前，伦勃朗故居并没有伦勃朗的油画，2010

图11—12 伦勃朗的收藏

年他们借到伦勃朗的《带头巾的老人》，在卧室里悬挂了两年。现在墙壁上的作品都是他同时代画家的作品，如伦勃朗的老师画作，他的门生临摹他的作品，以及门生自己的作品。

另一个有趣的房间是伦勃朗的收藏室。17 世纪的有钱人都喜欢收集世界各地的怪奇物品，雕塑、艺术品、怪异的生活用品和标本，无奇不有。伦勃朗的收藏品包括胸像雕塑、武器、硬币、蝴蝶、鳄鱼皮、鹿角、贝壳等奇异的事物。作为一名画家，他收集这些东西不仅仅是出于兴趣和好奇，还会把它们当作模特，画到自己的作品中(图 11—12)。

游客们最感兴趣的当然是伦勃朗的画室。画室里摆放着画布和画架，还有画家常用的桌案，案上摆满了各色颜料。有一个专门的房间用来制作蚀刻画，房间中央放了一架巨大的早期印刷机，伦勃朗可能就是使用这种印刷机制作蚀刻画的。伦勃朗故居的馆员们每天都会向游客演示伦勃朗的蚀刻板技术，并带着游客学习 17 世纪调制颜料的古老方法(图 11—13、图 11—14)。

参观完故居的展示，可以去到博物馆的现代展厅，这里展出

图11–13 画室（上）
图11–14 颜料（下）

了伦勃朗故居的蚀刻画收藏。这里是世界上最重要的伦勃朗蚀刻画收藏地，伦勃朗共有 290 幅蚀刻作品，这里收藏了 260 幅，同时还藏有几块伦勃朗的印版。伦勃朗的蚀刻画充分展示出他绘画的大胆笔触。戈雅和毕加索都曾将伦勃朗的蚀刻画作为研究对象，从中吸取灵感。馆内的临时展厅时常有以伦勃朗或阿姆斯特丹为主题的展览，并经常开展研究性课题。

伦勃朗故居通过征集和购买，还原了伦勃朗当年在阿姆斯特丹的生活，讲述了这个半生辉煌半生蹉跎的著名画家的故事。置身于伦勃朗故居，可以感受到画家当时的生活相当体面和阔气。但这只代表了他人生最顺遂的时期，他去世的时候一贫如洗，早已被迫从这里迁了出去。

如今仰慕这位绘画大师的世界游客，到了荷兰一定要来这里看看伦勃朗的“故居”，听听伦勃朗的故事。当初诞生于伦勃朗故居的那幅“一败涂地”的作品《夜巡》，如今已经变成荷兰的顶级国宝，在阿姆斯特丹的国家博物馆二楼设置了专门的展室供人瞻观。这样一来，似乎可以告慰这位伟大画家的英灵。

图11-15《三个十字架》（上）

图11-16《农庄》（下）

图11–17 制作蚀刻画（上）

图11–18 制作蚀刻画（中）

图11–19 印刷机（下）

12

ANNE FRANK HOUSE

至暗时刻的人性微光　安妮之家

荷兰首都阿姆斯特丹有一座特殊的博物馆，叫“安妮之家”(Anne Frank House，Anne Frank Huis)，它位于王子运河路267号。博物馆门前有一尊少女铜像——她不仅是这座主题博物馆的故事主角，还是一位出版世界畅销书的年龄最小的作者(图12–1)。

按照通常的理解，安妮之家应属于名人故居。但这座故居却与一般的名人故居大不相同，安妮生前称它为“秘密小屋”，它是一座纪念犹太少女安妮·弗兰克的博物馆。有位评论家说：三流的博物馆展示物品，二流的博物馆提供服务，一流的博物馆创造体验。安妮之家就是体验型博物馆的个中翘楚。我们到达阿姆斯特丹的第二天就参观了安妮之家，期待亲眼看看犹太少女安妮和家人曾经避难的这个秘密小屋。

图12–1 博物馆门前的安妮雕像

秘密小屋

安妮·弗兰克(1929—1945)出生在德国法兰克福的一个犹太商人之家。家里有父亲、母亲和姐姐共四口人。1933年,以希特勒为首的纳粹党在德国掌权后,以给“纯洁的雅利安民族”扩展空间为名,开始对犹太民族实施种族灭绝大屠杀。

安妮的父亲奥托为躲避纳粹迫害,带着全家移居到荷兰的阿姆斯特丹经商。可是平安的生活没能维持太久,1940年,德国军队占领了阿姆斯特丹,犹太人在荷兰也遭到迫害,安妮一家的生命都受到了严重的威胁。他们全家藏在一个小屋里,安妮将这个避难所称为“秘密小屋”。

这个秘密小屋原是安妮父亲奥托在荷兰经营食品加工公司的楼顶小阁。这座临运河的小楼包括前部的办公楼和后部的连搭楼。前楼底层是库房,二楼是办公室,三楼为会议厅。后楼的住宅只有两层,楼顶有间堆放杂物的小阁。德国军队占领阿姆斯特丹后,奥托把后宅楼顶的小阁改成一家人藏身的住所。他在前楼会议厅的后边放了一个书架作为掩护,书架底部安装了能够转动

图12—2 左侧白色檐口的两栋老房子是从前的安妮之家

图12–3 安妮之家结构模型（上）

图12–4 伪装成书架的秘门（左下）

图12–5 通向“秘密小屋”的窄梯（右下）

的轮子。书架后边有个小门，爬上一段陡峭狭窄的楼梯，就进入了“秘密小屋”（图 12–2~图 12–5）。

1942 年 7 月 6 日，安妮的姐姐玛格特收到荷兰移民局发来的征召通告，要求她到纳粹德国的劳动营报到。父亲奥托看到危险逼近，一家四口人躲进了这个小屋。不久，奥托为了救助犹太朋友范 · 佩尔斯，让他的一家三口也住了进来。随后又有一位犹太牙医弗里茨·普费弗也来到这里。这个不足50平方米的小阁楼，挤进了三个犹太家庭，共八口人。三家人住在小屋里不敢外出，不敢拉窗帘，不敢大声说话，不敢弄出响动。他们是如何在这暗无天日的空间里熬过两年多的漫长时光？平时是怎样生活和相处的呢？少女安妮把当时的生活情景都写在了她的日记里。

少女日记

1942 年 6 月 12 日是安妮的 13 岁生日。这天她收到了父亲送的生日礼物，是一个红皮日记本（图 12–6、图 12–7）！从这一天起，这位少女开始写日记了。或许大家都觉得不以为然，一个小女孩的日记，能记些什么呢？

安妮刚开始写日记的时候，把这本日记当作自己的密友，快乐和烦恼的事都在日记里倾诉。她给这本日记取了个小名，叫做“基蒂”。她记述了 1941 年夏天，因受排斥犹太人政策的影响，她从普通中学被迫转入犹太人的学校；记叙了自己与姐姐玛格特发生的各种小纠纷，并责怪母亲偏爱姐姐。不久这个正处在成长期的少女很快不再为这些日常琐事而烦恼，她们一家人的平安生活陡然间就被种族灭绝大屠杀的恐惧所笼罩了。

当年 7 月 6 日，她们全家躲进了“秘密小屋”，开始过着与世隔绝的悲惨生活。她记叙了住进秘密小屋之后的恐惧、孤独、烦躁、饥饿和寒冷；记叙了帮助他们的朋友送给了他们什么样的食物、用品和图书；尤其是详细记叙了两年多来，在这个小屋内避难的三个犹太家庭朝夕相处的生活细节。

安妮当初记下各种生活琐事，只是为了打发幽闭时的难捱时光，她想把这样的生活记录下来留给未来的自己慢慢看。有一天，她在收音机里听到荷兰流亡政府一名叫杰瑞特·波克斯坦的官员在伦敦广播电台发表演讲，他谴责了德国法西斯的种种罪恶，

图12-6 安妮的红皮日记本（左）

图12-7 博物馆里的安妮日记（右）

并说希望在战争结束之后，能够收集到荷兰人民在德军占领下苦难生活的目击报导。他特别提醒荷兰人要好好保存信件与日记，因为它们都是战时生活的最佳见证（图 12–8、图 12–9）。

安妮听到这个广播后就动了心思，她希望在战争结束后依据日记写成一本书，向全世界报告她们家所遭受的迫害。从此她写日记时就格外用心，还把以前的日记进行了修饰，删去那些不够有趣的部分，并通过回忆增加了一些重要内容。她说："我经常心情沮丧，可是从来不绝望。我将我们躲藏在这里的生活看成一场有趣的探险，充满危险与浪漫情事，每一次艰辛匮乏都成为使我日记更丰富的材料。"

随着盟军的快速反攻，占领阿姆斯特丹的德军更加疯狂。躲在小屋里的安妮听到从楼顶飞过的战机日益频繁，觉得随时都有被炸死的危险。安妮渴望活着，她想了许多事情，甚至还思考人死后是否还存在。1944 年 4 月 5 日，安妮在日记里写道："我希望我死后，仍能继续活着。"当然，这个孩子已经知道，人死就不能复活了。她想当个记者或作家，将小屋内的受难岁月写一本书，让书替她活着。书名她也想好了，就叫《秘室》。这个方法就像我们中国人所说的"三不朽"中的立言。没想到她的这个设想后来真

图12-8 写作中的安妮（左）

图12-9 博物馆中的安妮照片（右）

的实现了。

安妮的日记从 1942 年 6 月 12 日写到 1944 年 8 月 1 日。日记本写满了，后边还补了一些散页。她写下了许多生活琐事，还有自己的各种感受。

安妮在 1942 年 7 月 11 日写道："白天，我们时时刻刻都必须轻言慎行，因为不能让仓库里的人听到我们的声音。"1944 年 4 月 11 日写道："终有一天，这可怖的战争会结束，我们终将重新是人，而并非只是犹太人！"

可是，就在这年 8 月 4 日，她家的躲藏室被人告发，一伙德国党卫军闯进了这个秘密小屋，三家人都被押送到奥斯维辛集中营。随后他们又分散到不同的集中营，安妮与姐姐玛格特被转移德国北部的贝尔根 · 贝尔森犹太人集中营。

安妮一家在秘密小屋避难时，奥托的秘书梅普 · 吉斯和丈夫汉克经常帮助他们购买食物和日用品。安妮等人被德国士兵押走之后，梅普看到小屋被洗劫一空，只剩下几本书和笔记本，其中包括安妮的日记，就悄悄保存下来（图 12–10）。遗憾的是，战争结束后，躲在小屋的八个人中，只有安妮的父亲奥托幸存下来，安妮已于 1945 年 3 月在贝尔森集中营遇难了。这个聪明善良的

图12-10 梅普•吉斯，安妮日记发现者

少女死在这个集中营被解放的前一个月，时年不满 16 岁。

奥托从吉斯那里得到了女儿的日记本，他被女儿描写的内容感动了，便将日记本拿给住在瑞士的母亲看。安妮的奶奶为失去这个既懂事又聪明的孙女感到非常伤心，常常念叨她。安妮的事迹很快就在亲戚和朋友间传开了，一名记者听说此事，特意为安妮写了报导。有书商看到报导，认为这本日记具有重要的历史价值，将其编辑出版。1947 年，《安妮日记》在荷兰出版，首印 1500 册，很快销售一空（图 12-11）。不久，又在英国、法国和美国等地翻译出版。

《安妮日记》充分展示了这位小作者的才华，虽然文笔稚嫩，却打动了无数善良的人们，在世界各地拥有大量的读者。有人把它推荐为当代青少年阅读的经典作品，还有学者将其视为研究二战的重要文献，认为它描写的二战历史，揭露的纳粹罪恶，具有独特的历史价值。

苏联作家伊利亚·爱伦堡 (Ilya Ehrenburg) 说道：“这是一本代表了六百万（犹太）人心声的书，虽然这不是什么雄壮伟大的史诗，只是一本普通小女孩的日记。”《安妮日记》成为 20 世纪全球发行量最大的图书之一，先后被译成 65 种文字，总销量

图12-11 第一版《安妮日记》封面

图12-12 博物馆中不同语言版本的《安妮日记》

超过 3000 万册（图 12-12）。1959 年，《安妮日记》被改编成话剧和电影，在世界上引起巨大反响。这本日记让安妮成为第二次世界大战期间被纳粹屠杀的六百万犹太人的苦难化身，也让她的名字传遍了世界。

再见安妮之家

《安妮日记》风靡世界后，许多读者专程来到阿姆斯特丹，寻访安妮的秘密小屋。然而，安妮的父亲失去妻女后移居瑞士，这幢建于 1739 年的老房子已经人去楼空成为危房。

1955 年，这幢小楼被一家公司买下，准备拆掉重建一座新楼，楼顶上安妮的秘密小屋即将永久消失。安妮的父亲得知消息后很难过，他想保住这个避难的小屋。许多朋友纷纷帮忙，他们成立了安妮之家基金会，甚至阿姆斯特丹的市长也亲自出面筹款。1957 年，安妮之家基金会买下这座小楼，在政府的支持下，基金会按照《安妮日记》对秘密小屋的描述，设计了安妮之家博物馆。1960 年 5 月，正式对外开放（图 12-13）。

图12–13 进入安妮之家博物馆

据统计，第二次世界大战期间居住在阿姆斯特丹的犹太人约有 8 万人，他们大多都像安妮一家一样遭到了屠杀。因此，安妮之家被视为生活在阿姆斯特丹的犹太人遭受纳粹屠杀的历史见证，通过这座博物馆来反对法西斯主义和种族主义。

如果按照常规的名人故居布置展览，安妮一家的秘密小屋实在太小了，根本无法接待游客。于是博物馆将前楼和后宅全都利用起来，布置成一个能够提供观众体验的特色博物馆，将秘密小屋当作该馆的一个大件“展品”恢复原貌(图 12–14)。

根据安妮日记的描述与其父奥托的回忆，博物馆复原了当年的状况。后宅二楼上的秘密小屋是当年三家八口犹太人避难的场所，四周的窗户已被密封，里边用薄木板隔出大小不同的格子屋。

在安妮和姐姐玛格特的格子间里，隔板上贴着许多当时女孩们喜欢的画片和名人头像，展示了少女的生活特征(图 12–15)。在她父母房间的墙壁上，保留着他们为两个女儿测量身高变化画出的线条标记。相册中留下了他们一家人曾经平安祥和的生活情景。

在阁楼的一角有一个小孔，那是安妮姐妹每天向外张望的窗

图12—14 参观模型的游客

口。她们看着房子旁边的橡树在四季里的变化，看到橡树怎样开花结果。她们发现身上的裙子越来越短，知道自己也像窗外的橡树一样日益长高。安妮在日记里写道："我如此地渴望一切，交谈、自由、朋友、独处……我烦躁不安，从一个房间走到另一个房间，呼吸着从紧闭的窗户缝里透过的空气。"她幻想着"和平与宁静会重新来临"。然而这个少女没能等来那一天，她在最好的年华惨死在集中营。

前边的二楼是博物馆展厅，主要运用文字影像揭露二战时期法西斯主义、种族主义的罪行。楼内设有一间放映室，展示二战期间的图片和影像。屏幕旁边的柱子上挂着许多听筒。观众可以选择熟悉的语言，观看当年秘密小屋里三家人的图片资料、他们被发现后押送集中营的场景图片、安妮父亲回忆当年情景的录像，以及战后记者采访当年为小屋避难者提供过各种帮助的荷兰居民的视频和图片等，还有一些二战时期遭到纳粹迫害和屠杀的犹太人录像资料(图 12—16~图 12—20)。

据统计，从希特勒的纳粹党上台到二战惨败，像安妮一家人这样无辜遭到迫害和屠杀的犹太人达六百多万。纳粹余孽否认这

图12–15 安妮的房间（上）

图12–16 救助者展室（下）

些史实，《安妮日记》成为二战期间犹太人遭受纳粹迫害与屠杀的直接见证。

安妮之家也像其他博物馆一样，布置有多种服务性商业设施。前楼下层开设有书店、咖啡屋和安妮礼品店。书店里有用各种语言（包括中文）出版的《安妮日记》。买书与读书的顾客都沉浸在书中的故事里，深深为安妮喟叹。

安妮之家的出口设置有留言台，从留言内容可以感受到，安妮之家触动了人们心底柔软的良知，给参观者带来深深的感动。90年前安妮所渴望的自由、和平与宁静的生活，如今我们已经习以为常。不过，当今世界仍然有各种各样的霸权政治和试图复活法西斯主义的逆流。他们一旦得逞，世界上无数善良的人们就会再度家破人亡、颠沛流离。来到这里参观的人无不希望，安妮的悲剧永远不再重演。

图12-17 受害者展室（上）

图12-18 不同语言的解说听筒（中）

图12-19 视频展示（下）

图12—20 出口留言台

13

PRISON GATE MUSEUM

海牙监狱“惊魂”记

遵纪守法的市民，一般不会和监狱扯上关系。监狱通常守备森严，让人既心生畏惧，又满怀好奇。海牙的监狱博物馆（Prison Gate Museum, Museum De Gevangenpoort）给了人们一窥这种神秘又恐怖的场所的机会（图 13–1）。

监狱博物馆位于海牙市中心国会大厦园区的一侧，13 世纪初，这里是荷兰伯爵城堡的老大门。15 世纪，荷兰宫廷法院审理案子时，常将犯人就近关押在城堡的门楼里，后来就在这里正式设置了一座监狱。因此，这座监狱被称为“监狱门”。如今海牙人也常将这座博物馆称为“监狱门博物馆”。也就是说，海牙监狱博物馆的前身，是荷兰中央政府从 1428 年至 1828 年间，沿用了四百多年的一座老监狱。

从外部来看，监狱房舍的墙壁特别高大厚实，门与窗户则非常狭窄低矮。博物馆小院的西侧是一座造型古老、墙体坚实的哥特式大楼。楼内外过道的墙壁都用铜板和铁网加封。入口的铜门上安装了三道铁栓，墙壁上的铁窗格子像豆子一样小，恐怕连一只苍蝇都难以飞出来。仅从外部的过道和门窗，就能让人体会到什么叫铜墙铁壁。

图13–1 海牙监狱博物馆外观

从一道小门进入院子，里边非常狭窄。院子四周全由房屋合围，但不像中国的四合院那样排列整齐，规则有序，而是高低错落，风格迥异，显得有些杂乱。据说，院中最早的房屋建在 7 世纪的墙基上，有座哥特式楼房大约建于 13 世纪，已有 700 多年的历史（图 13–2）。

由于监狱博物馆原来是一所老式监狱，所以展室和展品的布置都无须重新规划和设计，只要真实再现本来面貌即可。里面的房间各有用途，如监狱办公室、监狱长室、囚犯档案室、审讯室、刑具室、禁闭室、观察室、痛苦地窖与囚犯牢房等。如今这些功能不同的房舍，全部转变成内容多样的展室。

也许是为了让观众获得一种置身监狱的切身体验，博物馆的各个展室几乎都处于密闭、警戒状态（图 13–3）。无论参观哪个展室，都要由馆员亲自拿着那串象征着生死大权的钥匙，一个个

图13–2 博物馆拱门上的徽标（左）

图13–3 监狱的走廊（右）

地临时打开，然后为观众导引和讲解。很多展室都禁止触摸展品、拍照、接打电话或交谈，显得特别森严。置身其中，立即会让人产生一种压抑、沉闷、与世隔绝的感觉。蹲在这样的监狱里肯定是插翅难飞。囚犯们即使不死于恐怖的酷刑，恐怕也会疯掉。

恐怖的酷刑

博物馆小院里的楼下用房过去都是监狱办公的场所。如今一部分变成博物馆的办公用房，另一部分保持着原貌。

刑具展室设在西楼的中部。沿着楼内又窄又陡的梯子，可以登上二楼。这里是过去执行刑罚的地方。旧式监狱的刑罚都有类似的套路，如限制自由的自由刑，游街、示众与面部刺字的羞辱刑，抄家或赔赏财物的财产刑，拷打肉体的肉体刑以及剥夺生命的生命刑等。但是，不同时代和不同国家在执行过程中却各有特色，馆内所展示的就是荷兰的监狱刑罚。

刑具展览室摆着荷兰监狱在中世纪用过的古老刑具。根据犯人罪责的不同，惩罚方式轻重有别。其中一些奇怪的刑具，若是无人加以介绍，根本想象不到它的用途。最骇人的要数执行十大酷刑所用的刑具，如肢解人体的刀斧，将人劈成两半的大锯子，碾压腿脚的木马，扎满钉子的铁处女木桶，用三个长满铁蒺藜的磙子制成的磙打床，起落摇动的钉子椅，执行水刑的开水吊壶，执行火刑的火盆和铁吊笼，执行绞刑的铡刀断头台，在人头上钻眼打洞的钻孔机等，这些刑具无不令人望而生畏，毛骨悚然。墙壁上的图画描绘着拷打罪犯的各种场景，阴森恐怖。听馆员介绍各种刑具的用途，游客无不吓得魂飞魄散，两腿发软。下面我们就由轻到重，见识一下这些刑具。

羞辱与责打

所谓“轻型犯人”，通常指所犯罪行比较轻微的人。如小偷、酒鬼、赌徒、通奸者、堕胎者以及打架与斗殴者等等。

监狱博物馆展示了许多处罚轻型犯人的法条和刑具。凡是被关进监狱的人，入狱之后常被棒打与鞭笞，有时还带上枷锁、脚镣与胸牌游街示众。观众向他们投掷各种垃圾，尤其是把狗屎、臭鸡蛋或死老鼠等物砸到他们身上以示侮辱，甚至还会在他们身上撒尿。因此，荷兰有一个嘲笑人的词语叫做“尿棍”，意即成为笑柄。

另一种羞辱的方式是在犯人的脸上或身上烙盖印记。展室里有一个木架，顶部挂着一排橘红色的圆饼，饼上刻着各种图案。它们很像中国糕点铺里制作面饼花纹的模子。我们原以为这里是囚犯自制食品的厨具，实际却是一种对犯人实行羞辱刑罚所用的刑具。

它有点像中国古代在犯人脸上刺字的黥刑。根据犯人罪行的差别，选择不同花纹的印模烙在囚犯的脸上或身上。实施这种刑

图13-4 对犯人加盖烙印的印模

图13–5 拘禁用的枷板

罚，须先把印模放进火炉上烧烤到几百摄氏度，然后疾速将其烙在犯人的面部或其他裸露的部位（图 13–4）。让他们终身带着这块抹不掉的烙印，从而对他的肉体和心理进行全方位的羞辱。

烙印惩罚通常与鞭打、棒锤、用斧子切断手指或四肢等惩罚结合使用。刑具架中间悬挂的那排粗细不同的铁钩、铁棒等，都是配合烙印惩罚所使用的刑具。这种残酷的烙印惩罚在荷兰监狱里沿用了几百年，直到 1854 年才被政府废止。

羞辱式惩罚通常都是公开执行。除了室内的拷打与烙印之外，还要让犯人到室外示众，以接受民众的羞辱（图 13–5）。示众地点通常在监狱门外的"绿色草皮"刑场，或是海牙市政厅门前的手脚架上。在那个时代，这种惩罚在民众眼里比看戏剧还要有趣，从而起到以儆效尤的效果。

重犯酷刑

所谓"重犯"，自然是指罪行重大的人，如谋反、叛国、杀人、抢劫、强奸、诈骗、投毒者等。惩治重犯的律条比轻型犯人要严酷得多（图 13–6）。

房间里有个长满钉子的木板，一头放在一个大木夹似的架子上。木架中间固定着钻有圆孔的铁箍，那个铁箍很像古典小说《西

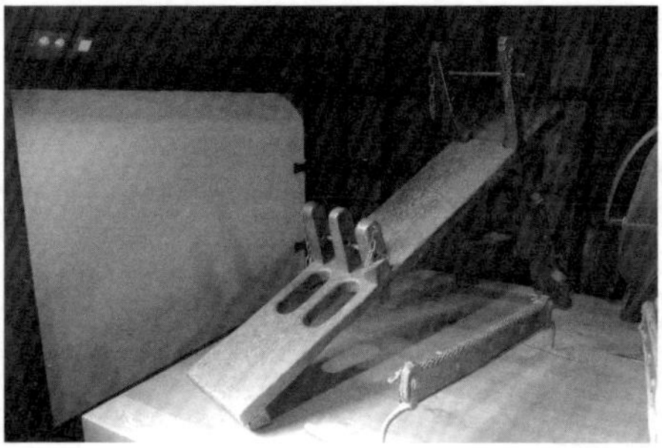

图13-6 断肢刑具(左)

图13-7“大”字形碎骨刑具(右)

游记》中孙悟空头上的紧箍咒，可以紧紧卡住放在钉板上的头部。但它却比紧箍咒可怕得多，是处罚重刑犯人所用的头颅钻孔机。行刑时，犯人剥掉衣服反绑双手捆在钉板上，把头卡入铁箍中，然后用钻子顺着铁箍的圆孔钻入头颅内。遭受这种酷刑的犯人，有些在钻头还未钻进头骨时就已经吓死了，还有人在钻孔过程中疼痛致死。我们仅仅是看着墙上的受刑图画，就感到头皮发麻，胆战心惊。

下图有一个“大”字形木凳，是荷兰 17 世纪留传下来的一种断骨刑具(图 13-7)。处罚重型犯人时，将他的四肢分开绑在大木凳上，用铁棒在犯人的手脚上敲击八次，使其骨头破碎、心脏出血而死。然后，再将尸体吊到绞刑架上示众。

碎尸台与倾倒死尸的通道

在楼下的房间里，墙边有两个连在一起的木桩。木桩与墙上的各种铁链、铁钩相互勾连，下边有个黑色的台子和木凳。

若是不经介绍，很难想象到这里竟是粉碎死刑犯尸体的碎尸间(图 13-8)。旁边墙壁上有一个方形的红色小门，看似储藏杂物的壁柜。拉开小门才知道，它是一个向楼外倾倒垃圾的通道。

图13–8 碎尸台与运尸通道

而从这里倾倒的“垃圾”，就是被秘密执行了死刑并被肢解了的犯人尸体，直接倒入这个壁窗通道运送出去。据说，若非罪大恶极的犯人，执行死刑后通常能够保全尸体不被肢解。但监狱的死刑犯很多，房间里的棺材却只有一个。这个棺材并非哪个死刑犯独自享用的东西，它只是一个运送尸体的大木箱，将死人送到墓坑后，再来拉另一具尸体。

绿草皮刑场

监狱里被判处死刑的犯人，分为秘密处决和公开执行两种。政治犯往往都被秘密处死，刑事犯多是公开执行。“绿草皮”刑场就是公开执行死刑的法场。死刑方式有多种。比如先用棍棒将受刑者的骨头打碎，再用锤子对其心脏实施致命的一击。用剑斩首在荷兰属于一种特权惩罚，只有那些有军衔的人才有资格享用(图 13–9、图 13–10)。那些社会地位较低的犯人，用绞刑架处死。女性平民常被缢死而非吊死，以免让观众看到她们的裙底。

多年以来，在海牙监狱门执行死刑的刽子手大多来自荷兰北部的哈勒姆或南荷兰省的多德雷赫特岛。他们通常练就了杀人的技法和勇气，被称为“剑之主”或“锋利的正义者”。

图13-9 行刑的斧头（左）

图13-10 行刑的剑（右）

为了进一步突出惩罚的效果，死刑犯的尸体都要挂到绞刑架上示众。“绿草皮”刑场上的草皮正是掩盖死者血渍的植物，鲜血流到地下的沙土里，上面生长着绿草。每年执行死刑之前都要修剪草坪，死刑执行过后，再用沙子覆盖并吸收血液，让绿草重新生长。

人类进入现代文明社会之后，酷刑被废止了，这些执行酷刑的刑具大多失去了用途。博物馆将它们作为人类历史上一种残忍的刑具证物保留下来。据说，荷兰人发明的这些奇异刑具，有些经过改造竟然变成了医院外科手术的医用器械。比如，处置谣言犯人使用的扩嘴器，经过摇动能把嘴巴橇得很大。后来治疗妇科疾病使用的扩宫器就是它改进而来。又如处置政治犯的在头上钻孔的钻孔机，后来变成了外科开颅术固定头部的用具。当然，这些被改进过的医用器械，已经完全与监狱的惩罚脱离了关系。把折磨肉体的刑具变成治疗疾病的器械，也算是一种社会进步吧！

从普通牢房到“骑士牢房”

博物馆三楼有几间展室原为关押不同囚犯的牢房，如今以原貌展现给观众。其中有普通牢房、高档牢房、女牢房、人质牢房等。

荷兰早年是一个封建君主制国家，上流社会的贵族与富人即便犯了重罪，也能受到格外的优待。因此关在不同牢房中的犯人，除了性别、罪行的差异，还有身份与地位的差异。

普通牢房和女牢房

普通牢房的室内条件简陋(图 13–11~ 图 13–13)，饮食与住宿环境都很恶劣。每个房间常常关押着多名犯人，用木板沿墙隔离出多个床位。室内除了简陋的粪桶用于便溺，别无他物。据介绍，这间小屋最多的时候竟然同时塞进 15 名犯人。有人夜间无法挤在床上睡觉，只能坐在房间里或躺在地面上。

图13–11普通牢房内的马桶和食物(左上)

图13–12 铁窗内外(下)

图13–13 普通牢房(右上)

女牢房设在监狱门最古老的房间里，与普通的男牢房相比，条件稍微好一些。多数女牢的窗户临街，或是能看到远处的草地。若是有贵族女性囚犯关在这里，待遇会更好一些。她们可以从家里带来自用的小物品，也可以在牢房里读书或做点手工活。

高档牢房

高档牢房都是单人间，室内有柔软的床铺，上方挂着床帐，还配备有壁炉、坐便器和桌椅等。桌子上有文具和茶壶，墙壁上挂着肖像画，这些用具能够满足日常生活的基本需要。

能够住进这座监狱单间高档牢房的罪犯都不是普通人。有人出身显赫，有人非常富有，还有一些是政治犯或学者。他们不仅被允许带进图书和书写工具，可以在监禁期间继续工作；还能吃到比普通犯人更好的饭菜，如火腿、奶酪、面包、烤肉、腌肉、咸鱼、肉汤和豆类食品等。有的贵族甚至将厨师弄进监狱厨房，为其烧制饭菜，喝到上好的啤酒或葡萄酒。这些“奢侈品”的费用当然由罪犯个人或家属来承担。

有一间高档牢房曾关押过多位荷兰的著名人士。最初是一个很有名气的骑士，所以后来人们就称这间牢房为“骑士牢房”，他睡过的那张挂着绿色帷幔的床铺被称为“骑士床”。室内还有一个大而明亮的窗子（图 13–14）。

另一个著名囚犯是科内利斯 · 德威特（Cornelis de Witt）。他入狱前是南荷兰省鲁瓦德和多德雷赫特市的市长。1672 年，他的理发医生威廉告发他组织叛军，密谋推翻荷兰国王威廉三世。他是一位重要的政治犯，因此可以喝到最好的葡萄酒，并有一个壁炉和烛台供他使用。他在监狱关押的时间很短，仅有两周，但

图13–14 骑士牢房

由于住在豪华的“骑士房间”，一共支付了 227 荷兰盾。在那个年代，这是一个工匠一年的收入。

高档牢房里还住过一个“狡猾的间谍”——亚伯拉罕·德维克福特（Abraham de Wicquefort）。他又被称为“荷兰历史作家”，有一间牢房是专门为他设置的（图 13–15）。

亚伯拉罕 20 岁时作为勃兰登堡选举团的特使驻守在法国宫廷，52 岁时因为向荷兰发送秘密消息，而被关进法国的巴士底狱。释放后，他被任命为波兰国王在海牙的特使。他 69 岁时又因向英国和法国秘密交流情报，被荷兰人关进了这座海牙的监狱。在荷兰副摄政王威廉姆三世主持下，他被审讯了 36 次，但他坚决否认所谓的叛国罪。有人怂恿国王对他实施酷刑，得益于别人的斡旋，他幸免于酷刑，但仍然被判处无期徒刑，允许他在牢里继续完成他的著作。亚伯拉罕经常通过书籍与其他囚犯交换信件，也常把书籍借给别的囚犯阅读。监狱允许他的女儿缴纳费用后与他一起住宿。他获允从狱警那里购买葡萄酒、啤酒、白兰地、烟草、火柴、油灯、甜面包干和柠檬等。那些新鲜的柠檬最让其他犯人眼馋，在 17 世纪的荷兰，这还是一种稀有而昂贵的异域美食。

图13—15 德维克福特的写字台

这位被判处无期徒刑的老囚徒住在高档牢房里，过着让其他囚犯艳羡的生活，但他被监禁四年后竟然越狱逃跑了。1679 年 2 月 1 日，他在女儿和仆人的帮助下搞到了监狱门的钥匙，成功地逃到了德国。因此，这个“狡猾的间谍”就成为给这座监狱留下趣闻最多的囚犯。

告别室和囚犯的遗言

在监狱博物馆门口有一个出售门票的小屋，是当年海牙监狱的告别室。凡是移送到这个单间小屋住的都是死刑犯人。按照监狱的惯例，要被处决的犯人在执行的前夜，可住进单人牢房度过人生的最后一晚。他在这里吃到最后的晚餐，并与亲人道别，因此这间小屋就叫做“告别室”。从 16 世纪晚期开始，监狱还允许死刑犯的家属请一位神父或牧师，在执行死刑的最后时刻陪伴在犯人身边，祈祷他死后的灵魂得以安息并能进入天堂。

在监狱博物馆走廊的墙壁上，牢房里的木床或门框上，可以看到有许多西文词语、短句与图画。这都是关押在这里的囚犯为了打发时间使用锋利的器具刻写的。有的是他们的名字，有的在

图13—16 犯人在木床边的刻画（左）

图13—17 犯人刻画的帆船图案（右）

呼喊冤屈，也有人写下诗句或期盼。在一个木床上方的架子上，刻有一行大写的“ZMDWDVS”，这是荷兰从前一周七天单词的首个字母。刻字的犯人为了记住日期，刻下这行字母来计算时间(图 13—16、图 13—17)。

渴望自由是囚犯们共同的心声。当他们对获释完全无望的时候，就会努力越狱。尽管监狱的建筑和管理固若金汤，却不能扼杀囚犯们不断滋生的越狱念头。这个监狱曾经发生过多次越狱成功的事件。有一次，三个犯人将看守绑在椅子上，拿起钥匙开门逃走了。另一次囚犯们在牢房窗户上方的墙壁上掏了一个洞，深夜顺着绳子爬了出去。还有一个富有的囚犯，买通狱警逃走了。这些越狱事件和惩治管理者的方法都被记载下来，留作警戒以防后患。

“痛苦地窖”与狱中冤魂

监狱博物馆地下还有几间展室，平时很少有人光顾，因为它比地上那些血腥的囚室更加阴森恐怖。很多人看过资料介绍就被吓住了，不敢再到地下室细看。当年监狱看守们把这个地下室称

图13—18 科内利斯·德维特像

为“痛苦地窖”，里边设有酷刑室、忏悔室和酷刑刑具等。凡是关进地窖的嫌犯，很少有人能活着走出来。

在荷兰，酷刑是一种较罕见的刑罚手段。若是审判厅的法官或警长有了“可靠证据”，但嫌疑人却拒绝认罪，便可以采取问话以外的刑讯方式。经过各种拷打仍不认罪者，才被关进地下室施以酷刑。酷刑通常由刽子手实施。上文提到的那个市长科内利斯·德维特因为不肯认罪，就被关进这个房间接受了酷刑（图13—18）。

他先被扒光衣服，双手绑到背后，用螺钉拧进他的胫骨固定双脚，每只脚又挂上25公斤的重物，然后挂到钉床上使用滑轮绳索前后摆动进行磙打，直到打得他体无完肤，遍身流血为止。受过酷刑之后被荷兰的宫廷议员再次审问时，他喊道：“把我撕成碎片，你们永远不会从我身上得到不属于我的东西。”为了强迫他招供，刽子手又把他放到酷刑台上，用绳子捆住抽打了三个多小时，他仍然宣称自己是无辜的。刑讯过程非常惨烈，以至让行刑的刽子手精神崩溃。这个刽子手在临终前曾给科内利斯的遗孀写了一封信，请求原谅。

图13–19 谋杀德维特兄弟

科内利斯被人们称为硬汉。尽管他遭受了百般拷打，却一直没有屈服，并且也没有死于酷刑。由于始终没有得到他的口供，告发者的证据不足为凭，就不能判处他死刑。但科内利斯仍然受到了严厉的惩罚，他被免除了市长职务，并从南荷兰省终身放逐。

酷刑之后科内利斯不能走路，他请求哥哥到监狱来接他。他的哥哥约翰 · 德维特 (Johan de Witt) 身份更为显赫，曾经担任荷兰议会的大议长。当时约翰由于主张政治改革，触犯了一些权贵的利益，已被排挤下台。1672 年 8 月 20 日，约翰到达监狱门的时候，两兄弟的仇家决计不让他们活着走出监狱，在幕后操纵了一帮人聚集在监狱门前准备劫狱。监狱长拒绝打开监狱大门，两名铁匠用大锤打碎了门锁，约翰和科内利斯丧命于狱警和劫狱者的火枪、长矛和刺刀之下。然后，敌人将两兄弟拖到监狱外面的"绿草皮"刑场，把他们的尸体倒挂在手脚架上，扒出内脏，分割肉体，每块按五分出售，以此发泄对"叛军"的愤怒(图 13–19)。

当时荷兰与法国打了近 30 年的战争，已经到了最后阶段，国内外各方势力拼死搏斗，矛盾关系错综复杂。47 岁的哥哥约翰和 45 岁的弟弟科内利斯都是荷兰政府中最重要的政治人物，他们之所以被诬陷为叛国者，最终死在仇家精心设计的阴谋中，便与荷法战争密切相关。后来荷兰的史学家称赞德维特兄弟为荷兰的忠臣，把这一年称为荷兰的“灾难年”。在约翰·德维特的家乡多德雷赫特，人们为他们树立起雕像作为纪念。

在法国大仲马的《黑色郁金香》中，德维特兄弟的惨死是小说中的重要情节，这使得法国人对荷兰的这段历史也耳熟能详。两兄弟的死难之地“监狱门”，被人们称为“悲惨之门”。多年之后，这里的狱吏对于科内利斯所遭受的酷刑以及两兄弟的惨死仍然心有余悸，每次到地下室执勤，仿佛还能听到冤魂的哀嚎，内心充满恐惧。

自荷兰立国开始，海牙一直是该国的政治中心。历史上这里发生过多次民族争战与政权更替。这座设在国会园区的老监狱使用了四百多年，里面关押的大多数人都是重要的罪犯。因此监狱就成为各种武装斗争、思想斗争和宗教文化斗争的前沿阵地。各个阶级、阶层或集团的利益与立场不同，对于罪与非罪的判断各有尺度，因此监狱里羁押的并非都是有罪的人。比如，为民族解放建言立策的政治犯、不相信上帝的异教徒以及遭受诬陷失去辩解能力的人，他们往往被屈打成招，最终成为监狱中的冤魂。

当年在监狱的外边经常能听到囚犯受刑时的嚎叫，如今海牙人仍说这家监狱博物馆阴气很重，把它称为“鬼屋”。博物馆曾传出许多奇闻，据说工作人员在深夜里常常看到楼梯上有“鬼”影晃动，很多房间都出现过灵异事件，有几间展室连博物馆员在白天里也不敢独自进入。尤其是那间“骑士牢房”，传闻的闹鬼事件最多。据说头天整理过的床铺，到第二天早上就像被人睡过一样凌乱，好像那个冤魂仍然盘绕在床上。可见这座古老监狱留给世

图13—20 库尔赫特像

人的恐怖印象是何等深重。

博物馆的刑具、牢房和恐怖故事让我们感受到从前对犯罪者的恐怖惩戒，但这座监狱门其实也是近代以来保护囚犯人权的发源地之一。这源自曾被关押在监狱门的另一名囚犯——迪尔克·沃尔克茨祖恩·库尔赫特(Dirck Volkertszoon Coornhert，图 13—20)。

1566 年，北荷兰处于内战的边缘。在高额税收和饥荒的推动下，宗教紧张局势引发了对天主教和西班牙恐怖统治的强烈仇恨，到处都处于无政府状态。这时人文主义者库尔赫特因异端罪名，被关进了监狱门。

库尔赫特住在骑士房间里。人们怀疑他支持偶像破坏者是有一定道理的。他是威廉奥兰治亲王的朋友，后者领导了荷兰反抗西班牙的起义。此外，他还参与了天主教与改革者之间的原罪大辩论。这场辩论的主题是关于人类的邪恶本质。库尔赫特相信人的善良本质和自由意志。信奉天主教还是新教，对他来说无关紧要，他只关心宽容、宗教自由和良心自由。

在首次拷问中，他被迫承认自己从事“新宗教”的活动，但是他拒绝屈服。在等待第二次审问的同时，他撰写了各种文章证明自己的清白，因此法官没有给他定罪。

与此同时，库尔赫特撰写了他的名作《惩治罪恶》(*Boeventucht*)的第一版，其副标题为“讨论如何改造明智的人”。囚犯在监狱里的哀号声激发了他的灵感，这些哀嚎声，他在豪华的牢房中也是可以听到的。这本长达30页的书讨论了如何才能最好地达到惩治罪犯的效果。

库尔赫特认为，强迫劳动比割掉人的耳朵能更有效地惩戒罪犯。库尔赫特最关注的犯罪是“无所事事”，即失业罪。他认为应该大力解决这一问题，因为它会导致盗窃、抢劫和谋杀。他认为解决方案是让罪犯以提供社区服务的形式强迫劳动，如果必须的话，就判他们终身劳役。这将使罪犯远离街头，并能够自给自足。这样惩戒犯人，比起拘禁或割掉犯人的耳朵、手指会更有效，因为那些刑罚只会导致犯人落到更糟糕的境地。库尔赫特认为，监狱不仅要惩罚罪犯，还要为他们的康复和回归社会做准备。

1587年，《惩治罪恶》首次出版，成为第一本系统研究如何解决犯罪问题的著作。1590年库尔赫特逝世后不久，荷兰的各个城市都建立了劳教所。罪犯开始在监狱工作，男子在木工所，妇女在纺纱所。

之后，有关如何惩罚罪犯，以及出狱人员如何恢复正常社会生活的争论多次爆发。人们的观念不断产生变化。随着启蒙运动的到来，惩罚的效用得到了更多的关注。启蒙哲学家主张对头脑进行惩罚，而不是针对身体。尽管如此，废除各种形式的酷刑还是花费了很长时间。在废除了烙印、鞭刑(1854年)和死刑(1870年)

之后，长期监禁仍然是对严重犯罪的唯一主要刑罚。

从19世纪开始，监狱的功能越来越多地集中在康复方面，即帮助犯罪者重返社会。罪犯有机会在监狱的围墙内工作和学习，甚至可以请假出狱一段时间，昔日的手脚枷板被现代的电子追踪器所取代。

如今海牙的国际法庭已经成为和平解决国家争议的著名地标。附近的监狱门博物馆则提醒着人们近代以前监禁与刑罚的严酷。只有时刻警钟长鸣，人类才能远离罪恶，以及惩治罪恶的"惊魂"之地。

14

MUSEUM FOR COMMUNICATION

永别的通讯博物馆

在博物馆云集的海牙，通讯博物馆(COMM，Museum voor Communicatie)不是最引人瞩目的那个，但却是非常让人悠闲惬意的所在。在这里不会看到太多的外国游客，更多是本地的孩子和陪同他们的家长。还有一些年轻的情侣，在其中不受打扰地闲逛，体验旧时浪漫的沟通方式。

博物馆位于基伊街 82 号的一座历史建筑里，前身是荷兰邮政总局 1929 年创办的邮政博物馆(图 14–1)。当时荷兰最重要的邮票收藏家彼得 · 沃勒(Pieter Waller)将自己的收藏整体捐赠给国家，并建立了这个博物馆，以展示与邮政相关的各种文化。

1989 年，博物馆改名为邮电博物馆(PTT Museum)，其中的缩写“PTT”是荷兰国营的邮政(Postalijen)、电报(Telegrafie)、电话(Telefonie)公司的合称。这次更名说明该馆的收藏和展览，由过去的邮政寄递、邮政金融、报刊发行和集邮这四大模块，扩展到有线电、无线电、电磁、光纤以及卫星发射等电讯通信展品。也就是说，邮电博物馆将曾经分离为邮政与电讯的两大行业，重新综合为完整的邮电文化体系，展示给社

图14–1 通讯博物馆

会公众。

1998 年，博物馆又改名为通讯博物馆，“通讯(Communicatie)”这个词代表着人与人之间的交流。博物馆的关注点转向了展示人与人之间的交流及其手段。

邮电通信是人类社会实现远距离联系的重要渠道，它首要的功能就是由此地向彼地传送消息。“消息”有多种名称，可以称为音讯、讯息、信息、电讯等；也有多种形式，如语言、文字、符号、图形、图像与数据等。今天我们只要打开手机或电脑，使用电子信箱、QQ、微博、微信等工具，顷刻之间就能把自己的声音、文字、图片或数据传送到世界各个角落。这种畅通无阻的感觉是何等的爽快！然而，为了取得今天的成就，人类在通讯史上走过了何等漫长而又坎坷的路程！

海牙的通讯博物馆提供了一个了解人类邮电发展历史的场所。它利用馆内的藏品与场景，展现了人类源远流长的通信活动。该馆的馆藏和展览不只局限于荷兰本土，而是根据人类通信发展各阶段的特色来讲述通讯的故事。馆中展品的布置分成三个部分：古代邮驿与近代邮政，近现代电信，儿童与观众的邮电环境体验。在馆内游览，犹如进入了时光隧道，得以在人类通讯的领域里一览古今。

未曾收到的来信

走进博物馆，最先看到的是早期邮驿传送信函的展览。也许为了体现早年人与人交流的困难，走进展厅看不到展品，只有被一重重圆形白纱帘幕掩蔽的空间。每个帘幕外面都有一个解说器，揭开帘幕，才能看到藏在其中的展品。

图14-2 布里安邮箱

帘幕后面最老的展品是一个木箱子，代表了通讯博物馆的一套另类收藏，即那些过去的人们寄出，却未能成功投递的信件，邮政领域称它为“无着邮件”。其实，无论哪国的邮局都有一些无法投递或无人收取的无着邮件，通常都被销毁了。但荷兰邮局却有一种细密的管理制度和盈利方式，他们常常保留着这些邮件，等待领取人能交点滞纳金。不料却让这些邮件变成了几百年后的邮品文物。

斯伯格邮局整修的时候，就曾发现一个这样的木箱子，里面装满了未能投递的信件。这些信件的时间从 1775 年到 1810 年，长达 35 年。另外有 2600 封写于 1689 年至 1706 年间的邮件，采用法文、西班牙文、意大利文、荷兰文和拉丁文等多种文字，都装在一个黑色的皮面木邮箱里(图 14-2)。这个皮面箱最初由在荷兰担任邮政大臣的法国人西蒙 · 德 · 布里安(Simon de Brienne)及其妻子收藏。后来多次转手， 1926 年交回荷兰邮政部门，成为海牙邮电博物馆的藏品。1938 年，有份法国杂志提到了这批无着邮件的收藏，竟然成为一桩奇闻，吊起了世界多国学者的研究兴趣。此后英国、法国和荷兰多所大学的研究人员都参

图14—3 19世纪50年代的邮箱

与了这些信件的研究，使它们成为了解当时欧洲社会最鲜活的新史料。

为了保证隐私不被泄露，这些邮件有许多采用了独特的折叠方式，并用纹章封印，一旦打开，便不能复原。为了不破坏这些邮件，近年来学者们发起了一项研究，称为“署名、封笺却未成功投递”(Signed, Sealed & Undelivered) 计划，在伦敦的实验室里，尝试用X 射线，在不拆开邮件的状态下阅读信件的内容。

这些信中有寄给亲人和友人的充满爱意的言语，也有射向敌人的仇恨言辞。其中一封来自一名法国修女，她写信用宗教理想宽慰生病的母亲，由于法国邮局误将法文的地址“La Ayes”看成了“La Haye”，即法文的海牙，而将这封信错误投递，导致她的母亲没有收到她的关心。另一位苏伊托夫先生(Mr. Suijthof)寄出的信，则是对某封匿名信的回复，信中说：“我不敢相信你竟会如此无耻地造谣生事，如果你有胆量说我的坏话，就要当我的面说！”显然他是在回复一封诋毁他的匿名信，但由于不知道应该寄给谁，也成为未能投出的信件。

图14—4 左侧为50—60年代发明的双筒邮箱

另一处帘幕背后放着一个绿色的邮筒和灰色的邮箱(图14—3、图14—4)。这两种邮政用具都是我们熟悉的东西，荷兰邮政和世界各国至今仍在使用。

绿色邮箱是19世纪50年代生产的铸铁邮箱。1850年，邮局委托海牙的恩托夫(Enthove)铸铁厂制作了70个铸铁邮箱。同时，还委托海牙的坎德尔(Candel)铁罐厂生产了140个可锁定的内胆。高大的矩形邮箱立在突出的硬石基座上，从侧面开门取信。经过不断的调整，铸铁标准邮信箱后来在荷兰街头使用了110多年。

灰色邮箱是荷兰20世纪60年代发明的双筒信箱。1956年底，邮局工业设计师罗伯(Rob Parry)和艾米莉(Emile Truijen)设计了一个双筒信箱，可以将海牙市与国内外邮件分开，于1957年正式推出。1960年，PTT在海牙试行了12辆公共汽车，并于1962年引入了双筒信箱。双筒信箱后来经过改进，能够防止被破坏，现在许多城市仍然能够看到。

博物馆大厅中间的玻璃柜里放着一台造型怪异的机器，木板做底，上面固定着一个倾斜弯曲的金属架子，架子上装有轮子、磙子和手柄等小零件。它是荷兰邮政早期使用过的手动组合邮戳机。称作组合邮戳，是因为邮戳的种类很多。比如：一种是用于盖销邮票的盖销戳，一般盖在贴了邮票的信封结合部，可以防止人们重复使用邮票；另一种是用来标明邮件收寄时间、地点的邮政日戳，记录了邮件传递的时间和地点，可作为邮件查询的凭证。它们是邮政发展和集邮收藏的重要印记。此外，邮政用戳还有内部戳、代资戳、宣传戳、纪念戳等多种。在国际邮政行规中，每件邮品都必须盖有盖销戳和邮政日戳。起初两个戳是分开单盖的。1850 年，奥地利邮政部把盖销戳和邮政日戳组合成一个整体，发明了组合戳。这种邮戳很快得到世界各国的认同而流行开来，荷兰邮政使用的这枚组合邮戳就是其中之一。当然，所有的邮戳都各有特性，反映了邮件寄出的地域与时间特征。邮戳的收藏和展示非常有助于了解邮政文化，掌握集邮的基本知识。

展示的邮戳机诞生于 1893 年(图 14–5)。19 世纪末，邮件的数量大大增加，人们采取了各种措施来加快邮件处理过程。多德雷赫特的邮政局长洛兰特 (J. Roelants) 是最早发明邮戳机的人之一。1892 年，他设计了这个手动邮戳机。盖戳机用铸铁制成框架，配有带不倒翁和配重的手动印章。通过曲柄手工摇动，印模就会沿着墨辊移动，同时墨辊会摆动。压印机装在带有橡胶压印板的木板上。如能熟练操作，这个机器一小时可以处理 12000 张邮票。

荷兰早期的邮政状况与其他世界各国相似，其通信组织活动也经历了邮驿阶段。邮驿是一种国家设置的交通机构，用来传递军事情报和政府公函。这种官办邮驿的服务对象是国家和政府，邮差都是国家官吏。大多数邮驿都不为社会公众传递信件。

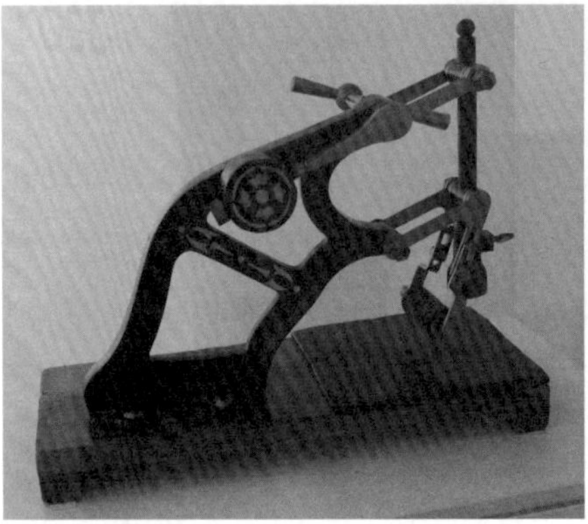

图14—5 邮戳机(左)

图14—6 威廉王子的银质信差徽章(右)

达官贵人之家的信函通常派奴仆送达，普通人家的书信只能靠商旅捎带。

馆内藏有一枚银质徽章，是奥兰治亲王(Willem van Oranje)的长子菲利普的私人信使所佩戴的徽章(图14–6)。徽章为信使官方身份的唯一证明，是我们今天制服胸牌的前身。这枚银质徽章制作于1608年，外形是一块盾牌，上面有菲利普王子父母双方的家徽图案，顶上有一顶皇冠。铭牌上写着："PHS-GIL-PRIN-ORANGHIE-COMTS-DE-BUREN"，意思是"菲利普·威廉·奥兰治王子，伯伦伯爵"。

在现实社会里，许多人都需要离开家庭外出谋生，分散在各地的亲人们为了得到对方的消息，常常是望穿秋水，肝肠寸断。这种现实让聪明的商人看到了邮政中的商机。到15世纪，欧洲已经出现了商家经营的私营邮政系统。官办与商办这两种邮政体系在欧洲延续了三百多年。

16世纪晚期，荷兰从西班牙统治下获得独立。由于在造船、航海和海上贸易领域都很强大，荷兰建国不久就进入了黄金时代，在世界各地建立起殖民地和贸易据点。荷兰的邮政业也随之发展起来。

1752 年，荷兰设立了国家邮政局，从此，传递信件、包裹、储汇与报刊发行等业务都得到了系统化、严密的组织和管理。荷兰的邮政活动随着他们的殖民与贸易活动达到世界各地。

1874 年，万国邮政总联盟在瑞士首都伯尔尼成立，荷兰人更是积极踊跃，于 1875 年就成为第一批成员国，并广泛吸纳世界各国的邮政经验和先进的邮政工具为本国服务。博物馆通过实物展览、图片演示和实景再现等方式，展示了荷兰邮局、邮路与邮运的基本情况。各种函件投进邮局之后经过分拣，再利用飞机、火车、轮船等不同运输工具派送到世界各地的收信人手中。馆内还展出了许多荷兰人在世界各殖民区的邮政用具和邮品实物，以及邮驿时代荷兰人使用过的交通工具，包括不同款式的邮政马车、自行车和电车等。

展出的一辆绿色邮车是件老古董（图 14–7）。19 世纪末，邮件数量增加，邮件运输变得更加重要。这些邮车既可以将邮件从信箱运送到办公室，又能将它们从邮局运送到车站。从 1880 年开始，邮局设计了不同型号的邮政马车。这种 E 型马车是最大的一种，其历史可追溯至 1903 年。

图14–7 1903 年的邮政马车（左）

图14–8 2001 年的邮政电动车（右）

2001 年，为了提高城市内邮件传递的流动性，荷兰邮局推出了红色长跑者电动车，由阿姆斯特丹的Springtime 工业设计公司设计（图 14–8）。这种电动车能让邮递员耗费更少的力气，而行驶更长的距离。电动车的金属框架位于车前部，上面固定着一个塑料箱，可承载 125 公斤的重量。这种车的设计符合人体工程学原理，在转向时只有车轮转动，车身不动。这样，邮递员运送邮件时，就不必将邮件背在身上了。

邮电博物馆还收藏了一部荷兰邮政早期使用过的邮件自动分拣机（图 14–9）。1927 年，英国人研制出世界上第一台信函自动分拣机，但最先购置使用的却是荷兰人，名为“按键式信函分拣机”。由于当时尚未发明邮政编码，也没有电脑系统进行自动控制，使用时需要由分拣员将信件地址编上格口序号，然后按动键盘上的相应字键，使信函进入传送系统。当信函抵达确定的格口时，启动格门，信件就进入对应的格斗里。这种分拣机只能算作半自动，由于操作复杂，效率也不太理想，所以没有得到广泛普及。

图14–9 信件自动分拣机

直到20世纪中后期，随着计算机和自动化技术的普遍提高，信函分拣设备才得到了较大的改进而普及开来。20世纪后期，邮政编码制度在世界各国推行，推动了信函自动分拣的进一步普及。

目前国际上已经有多种款式的自动分拣机。在各国的邮政分拣中心、物流分拣中心或者是机场行李传送中心，都可以看到规模宏大的自动分拣系统。这家博物馆展示的老式分拣机早已被淘汰。但是作为自动分拣机的始祖，它展现出发明者原初的智慧，具有很高的收藏价值。

"蓝色毛里求斯"价值连城

通讯博物馆最富价值的藏品是邮票。这里不只有荷兰本国的邮票，还有世界各国的邮票珍品。

邮票是邮费的凭证，它的发明是邮政史上的里程碑，被称为近代邮政开始的标志。发信时只要将邮票贴在信封上，经邮局盖戳后就证明寄信人已支付传递费用，邮局就得担起传递的职责。邮票通常由国家发行，是国家主权的象征，也是国家重要的财政来源。

人类社会第一版邮票诞生在19世纪前期的英国。当时英国有个名叫罗兰·希尔的官员，看到贵族、议员邮寄私人信件不用付费，但平民大众却要根据路程远近、信纸大小支付高昂的邮费，认为很不公平。

他先是向主管部门反映，但没有得到明确的回应。随后他坚持不挠，撰写了一本《邮政改革：其重要性和实践性》的著作，于1837年出版。这本书在英国产生了积极的反响，引发了1840年的英国邮政改革。从此英国的邮政权收归国有，邮驿改为邮政局，不但为国家传递公函，还敞开大门为社会服务。

经过商定，信件投送不论里程远近、纸张大小，凡属私人邮件，邮费都为一便士，并发行了人类历史上第一套邮票——黑便士邮票。罗兰·希尔因此赢得了世界“邮票之父”的称号。

通讯博物馆的集邮展品非常丰富。不仅有草图、原图和制版图，还有1852年荷兰发行的无齿邮票大全张（图14–10、图14–11），1864年的第二版大全张和海外属地邮票。它们都被视为稀世珍品。

荷兰首次发行的无齿大全张，图案是造币大师阿格尼特斯（Agnites Vrolik）用铅笔和墨水绘制的威廉三世国王的肖像。票值有5分、10分和15分三种，1852年开始发行，由荷兰国立造币厂印刷。这套邮票周围没有打孔形成锯齿连接，绘画风格是当时流行的新古典主义人像。

作为一种有价票证，邮票上通常印有价格数额。作为邮资凭证使用时，它表明用户向邮局支付的邮资数额。但当邮票进入集邮领域后，性质发生了重大改变，成为一种特殊商品。它附加了

图14–10 荷兰首次发行邮票的无齿大全张

图14—11 博物馆的邮票设计稿

历史性、知识性、宣传性、鉴赏性和收藏性等特殊属性，邮票的价格便不再是原有的票面数额，而变得缥缈不定。一种特定的邮票若是进入集邮市场，其价格便会扶摇直上，增长数十甚至数百倍。早期发行的邮票，一枚黑便士或蓝便士可以拍卖到几十万美金。同时，有些老邮票若是未经宣传炒作，也可能一文不值，无人问津。

该馆收藏有一枚毛里求斯1847年9月21日首次发行的蓝便士邮票，是世界邮票拍卖史上价格最高的邮票，被称为邮票史上的奇迹（图14—12）。今天毛里求斯有两种首发邮票保留下来。一种是红色的一便士邮票，仅有1枚。另一种是蓝色的两便士邮票，共有4枚。由于毛里求斯是世界上最早发行邮票的国家之一，并且当时发行数量很小，所以它们成为珍稀邮票。这套毛里求斯邮票，是毛里求斯岛主的夫人，为了邀请客人参加她的舞会而特地印制的。如今那枚红便士由毛里求斯蓝便士博物馆收藏。4枚蓝便士中的1枚由英国皇室收藏，2枚由毛里求斯商业集团耗资220万美金从瑞士拍卖行赎回，还有1枚就收藏在海牙的通讯博物馆。这枚邮票是世界上最珍贵的十种邮票之一，堪称通讯博物馆的镇馆之宝。

图14—12 蓝色毛里求斯

该馆除了收藏珍稀邮票，还有许多邮资封、首日封、贺年卡、贺卡型邮资明信片、信简与邮册等。博物馆后墙上开辟了一个长方形的专栏，展示世界各地的明信片。馆中藏有最早的明信片，是 1870 年瑞士邮政发行的，当时称作“卡片函件”。

电话电报与希特勒的密码机

通讯博物馆的第二部分展品是电讯设施与器材。它们是近代之后研制出来的，属于科技含量较高的系统化通讯工具。

与古代的邮驿相比，荷兰近代邮政通信获得了巨大的进步。邮递业务从只为国家服务，扩展到民用、商用、金融、书报发行等多样化的社会服务；邮路由单一的驿道，发展出铁路、公路、水路、航空等多种传输途径；传递工具也由简单的人力车与马车，发展到火车、汽车、轮船与飞机等现代交通工具，实现了快速运送信函、包裹、汇款和报刊发行等多项邮递目标，让社会公众享用到通信的种种便利。

然而，在通信领域仍然存在着许多难以克服的困难。比如，遭遇暴风、雷电、冰雪、山洪等天然灾害时，无法保障邮路的通行。

尤其是遇到战争、疆界封锁或函件扣留等人为破坏，更是难以实现即时通信的理想。

而当人们遇到危机时，更加需要及时地传递讯息。处于困境的人们，无不盼望能出现“千里眼”“顺风耳”那样的神话人物，帮助排忧解难。到了电讯时代，这一美好的愿景借助电讯技术，从神话变成了现实。

所谓“电讯时代”，是指利用有线电、无线电、电磁、光纤或卫星等通讯设备，传递声音、文字、符号、图像及数据等信息。在博物馆里，可以看到这一神话变成现实的历史过程。

电报的发明，是电讯时代开始的标志。这肇因于发明家塞缪尔·莫尔斯(Samuel F.B. Morse)的一次航海经历。

莫尔斯原本是一名颇有才华的美国画家。他年轻时在耶鲁学习哲学和数学，并对当时新诞生的电磁学产生了浓厚的兴趣，经常去旁听电磁学的讲座。从耶鲁毕业后，莫尔斯开始学习绘画，他到英国伦敦皇家艺术学院留学，受到那里浪漫主义画风的影响，创作出了不少颇受赞誉的作品。然而，学成回国后，他发现美国新富对他擅长的神话与历史题材绘画不感兴趣，只能依靠肖像画为生。无奈之下，他只好回欧洲继续绘画学习，希望提高绘画技巧。

1832年，他从法国回国，登上了客船萨利号(Sully)。当时与莫尔斯同时登船的，还有一位来自波士顿的电磁学家，名叫查尔斯·托马斯·杰克逊(Charles Thomas Jackson)。晚餐的时候船上的客人共聚一桌，杰克逊博士谈起了电磁学的最新进展。有位客人问道：“电的传播速度会受到电线长度的影响吗？”杰克逊博士说：“电可以在一瞬间通过任何长度的电线。”这时，莫尔斯提出："如果在电线的任何位置都能感知到电的存在，那么难道不是能够通过电瞬时传递情报吗？"话题很快转到其他方面，然而莫尔斯却如同被电击中了一样，被这个新想法迷住了。他在深夜走上甲板，久久沉浸在这一灵感中，青年时期对电磁学的兴趣在他的大脑中活跃着，远距离传输信息——那就是"电报"！他拿起手边的素描本，开始尝试绘制电报装置的草图，经过几个不眠不休的夜晚，一天早餐时，他将自己绘制的电报系统结构图对同船的乘客作了展示。

船上绘制的草图存在着不少缺陷，但莫尔斯锲而不舍，全心投入电报的发明研究，经过刻苦钻研，1837年，他终于成功地研制出了电报。最初的电报机需要手工操作，通过对交流电机离合器的开、关、开、关，发出"嘀、嘀嘀、嘀嘀嘀"的电信号。莫尔斯把这种点、短线、长线之类的呼叫信号，编成固定的电码来替代文字和数据，通过编译电码可以解读出电报发送的内容，被称为莫尔斯电码。

早期的电报需要有线电路才能传输。1843年，美国人架设了64公里的电报线路，实现了从华盛顿到巴尔的摩的有线电报联系。借助电讯传递信息，给通讯行业带来了翻天覆地的变化。原本需要在路途走上几天或几个月的纸质邮件，通过电子传导技术设备，顷刻之间就传到了。那种奇妙的感觉让许多人欢喜若狂。正像第一封电文所说的那样："上帝啊，你创造了何等的奇迹！"

电报借助电子介质传递消息，能在1秒内将信号传到30万公里以外，无愧为人类通信史上的伟大创举。这种"奇迹"很快就吸引了世界各国的目光，欧美许多国家都积极铺设电报线路。线路越铺越长，1858年，跨越大西洋的海底电缆铺设成功，美国

图14–13 电报机（左）

图14–14 20世纪50年代的西门子电传打字机（右）

与英国之间开通了越洋有线电报。号称“海上马车夫”的荷兰人曾把生意做到世界五大洲，更加需要利用电报进行商业联系或与家人互通音讯。因此继美国与英国之后，荷兰成为早期使用电报通讯的国家之一。

有线电报使用了半个世纪之后，人们觉得铺设线路太麻烦了，是否可能不用线路就将电子信号发到远方呢？1895年，研究有了新进展，意大利人马可尼和俄国人波波夫在这一年里各自独立发明了无线电报机。这样一来，发送电报就不再需要铺设线路，只要购买发报机，培训电码翻译员就行了。这种利用电流或电磁波传递信号的电报，在世界各国使用了上百年，直到21世纪进入网络时代才被淘汰，许多国家的电报局也因之撤销。只有博物馆里还能看到发报机，提醒人们：它们曾在国家军事、商业和民用领域立下功劳。据说一些国家在航空与航海的保密活动中仍然使用电报传递信息，但它基本已经退出民用行业了。

博物馆里有多种类型的电报机（图14–13、图14–14）。其中一种电传打字机，在打字同时会生成电报的长纸条，这些纸条通过电码将信息传输出去，对方的电传打字机接收后就会自动打出文本。这样不用再经过莫尔斯电码的翻译，非常快捷，成本比电报和电话都低。

图14—15 雷名顿10S型古董打字机（左）

图14—16 英格玛密码机（右）

电讯时代的第二项发明是传真机。这是一种利用扫描和光电变换技术，把文件、图表、照片、信函等讯息传递到远方的电信设备。传真机的发明比电报机晚了六年。1843 年，英国人亚历山大 · 贝恩研制出一台用电机控制的钟摆式传真机。它需要用电敏纸记录图形，使用起来很不方便，没有产生太大的影响力。

1850 年，英国发明家弗 · 贝克卡尔在钟摆式传真机的基础上，发明了一款滚筒式传真机，效果良好。后来人们又相继发明了相片传真机、热敏传真机、报纸传真机、文件传真机、气象传真机、黑白传真机、双色传真机、彩色传真机、喷墨传真机和激光传真机等多种类型。但这项技术在 19 世纪仍不太成熟，在世界各国用户很少，直到 20 世纪初期才真正进入实用阶段。

又经过近百年的改进，到 21 世纪它已经成为现代办公室不可或缺的设备。今天在许多办公室里都能见到它的身影。海牙通讯博物馆展出的传真机都是荷兰人用过的早期产品。

此外，馆内还展示有各种早期的打字机（图 14–15）。其中一款英格玛（Enigma）打字机非常特别，它是用于加密和解密消息的机器，其名称源自希腊语“谜语”。键入明文信息后，打字机上的灯会将信息转译为密码，收到密码的人如果正确设置密钥，就可以得到明文信息。

1918 年，德国发明了英格玛加密机（图 14–16），希特勒将其广泛运用到纳粹闪电战中。盟军情报机构不断致力于破解英格玛和窃取密钥。波兰密码学家和德国密码学家，就破解英格玛和不断升级英格玛的可靠性，展开了持续的斗争。盟军破解出的秘密信息被称为“超越”（ULTRA），现在普遍认为“超越”使得二战提前两年赢得了胜利。尽管如此，英格玛密码机在二战期间长久以来都没有被彻底破解，多数破解是德国密码员操作失误，或密钥泄露造成的。荷兰不仅在第二次世界大战期间使用英格玛加密机，还在 1929 年至 1940 年期间使用英格玛加密机向荷属印度群岛发送秘密信息。如今英格玛密码机也成为人们竞相追捧的藏品，收藏在很多国家的军事博物馆中。

电讯时代的第三项伟大发明是电话。1876 年，英国人亚力山大 · 格雷姆 · 贝尔和助手沃森发明了磁石电话；由于他们及时申请了发明专利，两位早他们十余年发明电话的意大利人和德国人失去了“电话之父”的头衔。

在电讯时代，电话的发明虽然晚于电报与传真，却是一个后起之秀。在不到一个半世纪的时间里，电话成为变化最快、普及程度最高、使用最便捷的通信用具。它的通讯技术设施经历了步进制、纵横制、程控交换、大规模与超大规模集成电路等多次变迁。尤其到了 20 世纪晚期，当电话与计算机、数字信号、网络、卫星通讯和蜂窝移动通讯等高端技术嫁接之后，就更神通广大了，在全球范围内实现了大面积、远距离、高速度和高质量的通信。

今天世界各地基本都迈过了使用有线座机的阶段，成年人几乎人手一部移动电话。接打电话、收看视频、聊天、阅读电子图书、发送消息或图片、网络购物、货币支付等等，都可以通过手中的

图14–17 早期的摇柄电话

小手机搞定。很多年轻人已经不了解电话发展的历史，只有老一代才体验过20世纪90年代之前，拥有电话者的骄傲，以及没有电话者接打电话所经历的艰难与辛酸。

博物馆展出了各个时期的电话机，有的扯着长绳，有的趴在铁架上，有的话筒长在铁柜上，有的机身插满了管子，还有的带着摇把和轮子……自从贝尔发明电话之后，又有许多发明家加入了改进电话的队伍，各种新款式的电话机相继涌现。馆内的电话机有筒式、盒式、壶式、台式、壁式、桌式，摇柄的、旋转的、拨号的、按键的、单听筒的、双听筒的、多听筒的以及后来出现的可视电话和移动电话等，都是产于不同时期、不同国家的具有时代特征和代表性的产品（图14–17）。

最早的电话只有一个扩音器，交替用来听和说；听筒和话筒分开为两端后，通话更方便了，但造价也提高了。最早的电话一根线只能连接两端，比如一个用户需要在家里和商店都装上电话，才能互相联系。如果想要和几个地方联系，就得同时装好几对电话。后来有了交换机，用户只需要打给总机接线员，请求转接到正确的线路就能通话，每户装一部电话就够了。由于早期都

图14—18 人工电话交换机

是由接线员转接电话，所以电话并没有拨号盘。

该馆除了各种类型的电话机，还收藏了不少电话交换机，有人工交换机和自动交换机两大类型。在一些电影与电视剧里，有人们早年打电话的场景：演员摇动电话机请求接某地某人，镜头便闪现出成排的接线员们坐在一个长台前，一人拉出一根电线插头，塞进蜂窝似的圆孔里；不久被叫方电铃响起，主叫与被叫双方才开始通话。由接线员转接的，就是一种人工电话交换机（图14—18）。

人工电话交换机在19世纪末期已经在世界各国的邮局里使用。它常常设置在专用的机房里，到邮局办理电话业务的顾客们平时很难见到，所以接线员的工件总是给人一种神秘而高雅的感觉。但内行人都知道，接线员的工作主要是为每一次呼叫完成连接服务。每部电话都有一个固定的插孔，插孔上有个小号牌。某人打电话时，总机上他的电话号牌就会掉下来，接线员看到，先把接线塞子插入他的电话插孔，问他要打给谁；得到回答后，接线员把另一只接线塞子插入他要通话的电话机插孔中，请他再摇电话机，对方的电话就会响铃，两人就可以通话了。这时接线员会把号牌推上去。通话结束后，挂上电话摇一下电话机，号牌再

图14—19 "铁娘子"自动报时器

次掉下，接线员就知道电话打完了，于是把两个人的电话线塞子全拨下来。

这种人工接线服务在历史上延续了一百年，到 20 世纪末期被自动化的程控交换机和数字交换机替代。有了数字程控式电话交换机和移动网络之后，人工电话交换机与接线员都取消了。海牙博物馆里的这架人工交换机佐证了百年来利用人工接线的电讯发展史。

许多交换机中间有个奇怪的铁桶，叫"铁娘子"，是世界上第一台自动报时设备（图 14—19）。之所以这么称呼，是因为在它之前，从事这项工作的都是办公室的接线员"女士"们。早期没有石英或无线电钟，机械机芯很不精确，因此必须经常调整时间。1920 年以前，人们可以致电接线员询问确切的时间。但进入自动接线时代后，无法找到接线员了，于是人们发明了"铁娘子"。铁桶上的转盘带有多个音轨，由时钟控制来告知时间。1935 年，柏林引入了"铁娘子"服务，最开始的几天接待了 84000 个电话，每到新年，打电话问时间的人就更多了。20 世纪 50 年代，引入了

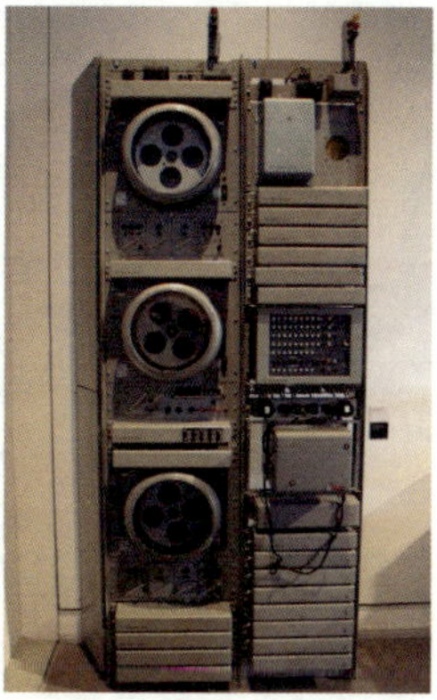

图14–20 电话自动应答机

录音带的自动应答机，不仅能告知时间，还能提供影院上映的影片、药店的地址等信息（图 14–20）。

馆中还有一台很笨重的仪器，是荷兰飞利浦公司旗下子公司NSF的产品，型号为SRR192（图 14–21）。它有一个大铁皮箱子，连着一个话筒和扬声器，这是 20 世纪 30 年代发明的车载移动电话，最早产品的型号为DR38a/FR38a。战争时期荷兰的秘密侦察机构，终日开着车在街上寻找地下电台。这些车辆一旦发现电台，需要互相电话联络，非常耽误时间。因此当局主持发明了车载移动电话，供这些巡逻车使用。战争结束后，电话网络遭到了很大破坏，SRR192 车载无线电话被用于警察、消防、出租车等部门，还有一些专门用来补充公共电话网络的不足。

当时这些无线电话可以通过基站转入公共电话网中，能够和任何线路通话。大大的主机常常塞满了后备箱，控制器、话筒和扬声器则安装在仪表盘下方，供司机随时选择所需要的频道。1953 年，荷兰遭遇了一场大洪水，当时紧急调用了许多SRR192车载无线电话，甚至连未出厂的半成品也被借出。这些无线电话，连同为它们服务的基站，成为荷兰无线电话网的前身。

图14–21 车载无线移动电话

通讯博物馆的这些发报机、传真机、电话机以及交换机等，都代表着电子通讯发展过程中各个转折时期的重要节点。它们让人了解到，电子通讯的发展绝非一蹴而就的。从编码的电报、有线的电话到网络和卫星通讯的探索，历时长达百年之久，这些不断变换模样的电讯器材，映射出世界各国发明家们的聪明智慧。

当一回邮差

通讯博物馆不仅是收藏邮电文物的家，展示邮电藏品的平台，同时也是科技教育的校外课堂和儿童的娱乐场地。博物馆十分注重观众对邮电展品的试用等互动性体验，许多展品都允许参观者接触和操作。

设在门口的绿色邮筒和镶嵌着红边的灰色邮箱并非摆设，仍然是实用的邮政用具。喜欢集邮的各国游客可以在馆内的柜台上购买邮品，填上地址，贴上荷兰发行的新邮票投到邮筒或邮箱里，回国后就可以收到自己发出的邮件。喜欢动手的孩子可以使用邮

图14–22 信号灯

局的打孔机和邮戳，亲自给邮件打孔和盖印。

若是旅客想体验一下当邮差的滋味，可以坐进古代的邮车里，体验送信的感受。馆内建造了林下的道路、村庄、宅院和各种小信箱等邮政场景，以再现邮件、邮包传递的过程，同时还备有邮差的服饰和邮包。你可以穿上邮差服，背上邮包，按照馆内设置的邮路通讯地址将信件一封封地送到小信箱里，感受一下邮差的乐趣与辛劳。此外，还可以试听老式通讯设备，体验发报、收报的乐趣，亲自当一回接线员。

为了更好地向少年儿童传递邮电文化，博物馆修建了许多色彩艳丽、式样可爱的游戏小屋，并把荷兰早期的邮政信箱装在门外，小屋内则有各种款式的广播喇叭、留声机和老式电视机等，孩子们可以摆弄各式打字机给朋友写信，用发报机发报，用莫尔斯密码翻译电文等，这些都是博物馆开发的科普游戏，寓教于乐（图 14–22、图 14–23）。

通讯博物馆设置的这些奇异小屋、洞穴、城堡怪物，以及星

图14–23 邮路和小屋

空中绘制的卫星和宇宙飞船等，为观众营造出梦幻般的场景，不仅让孩子们通过各种趣味游戏了解到邮政与电讯史上的各项重大发明，还让许多成年观众童心萌发，投入地摆弄起从前的老物件，重温每项发明带来的原初的乐趣，追忆并感谢那些伟大的发明家为人类做出的贡献。

永别的通讯博物馆

撰写本书时，我们又登上通讯博物馆的网站，查询更新的馆藏信息，却惊讶地发现，天啊！这座博物馆，竟然向游客关闭了！

原来2014年我们参观过后不久，博物馆进行了一次大修。它不满足于传统博物馆式的布展，认为馆藏的邮政和邮电设施，都已是积了灰的过时玩意儿，没有人再对它们感兴趣了。博物馆决定压缩历史文物的分量，将我们曾经看过的那些藏品进行精简，统统塞进顶楼的一间小展厅里。然后与时俱进，加入社交媒体等新的交流展示方式。楼下两层的空间重新布置，增加了许多显示屏、VR、遥控笔等现代通讯展品，打造得时尚酷炫。

馆员们认为，既然是通讯博物馆，人与人的交流才是展览的核心，所以为什么不让游人真的在这里交流呢？他们在馆内布置了很多会议室，用来组织活动和承接会议等。博物馆的名字也改成了时髦的新名称“COMM”。

这项踌躇满志的重修计划进行了一年半，2017 年重新开馆。没想到，结果与预期恰恰相反，参观人数急转直下。以前人们来到这里，就是为了寻找那些不算久远，但正在快速离去的记忆。那些古旧的通讯设备，被改修者视为积灰的古董，长辈们却希望带着儿孙，寻找他们年轻时的回忆。至于社交媒体的内容，大家在手机上随时能够获得，何必要特意来博物馆观看呢？

重新开馆的两年里，参观人数没有达到预期的目标，博物馆的领导层也陷入贪腐的官司。于是博物馆在 2019 年 7 月份关闭，不再接待单独参观的游客了。馆中的邮票馆藏，被整体捐给荷兰国家档案馆，仍然向研究者开放。

这座以通讯为主题的博物馆，为了追逐通讯社会迅速发展的脚步，却被日新月异的通讯时代所抛弃，这让我们感觉到既苦涩，又讽刺。虽然博物馆已经关闭，我们仍然决定写下在这里的所见所感，作为对那个逝去时代的纪念。

15

MUSEUM PANORAMA MESDAG

人生赢家的海滨风景　梅斯达赫全景画博物馆

什么是全景画？什么地方有全景画？过去我们并不了解，在海牙参观全景画博物馆（Panorama Mesdag）时，也没有事先得到预告。

全景画博物馆位于海牙大街一栋古香古色的历史建筑里，走进一楼大厅，迎面的墙壁上挂着几幅荷兰风景画。我们以为这是一座绘画艺术博物馆，但顺着幽暗的扶梯拾级而上，走上二楼的时候，突然间光线满溢，视界大开，仿佛来到了郊外海滩高处的瞭望台上。头顶有一个巨大的圆盖形凉亭，四周围着一圈防护栅栏，栅栏之外便是长着荆棘与茅草的沙滩。放眼望去，远处是一片无际的海洋，风帆点点，海鸥群飞，还有许多船只抛锚在海岸上……我们明明是从街道上走进了一座大楼，为何在上楼后的瞬间，就置身于旷野的山冈上，还看到了海滩远处的景象呢？我心中暗想，莫非像刘姥姥进大观园那样，遭到戏弄了吗？同行的女儿诡秘地笑起来，说道："你看到的不是真实的海滩实景，而是全景画！"原来，这里就是荷兰的全景画博物馆（图 15–1）。

图15–1 全景画博物馆外观

百年前的虚拟现实

“全景画”(panarama)一词是由希腊文组合而成的，意思是“全部的(pan)”“景色(horama)”。它是一种大型综合性艺术，利用 360° 绘画的方式表现三维空间，以制造空间的视觉幻象。现代全景画艺术自诞生至今仅有 200 多年的历史。在美术史上，有人把中国北宋画家张择端的《清明上河图》和日本的山水画卷视作全景画，认为这样的风俗长卷内容丰富，能将观者带入历史情境或风光名胜之中，让人俨然看到了“全景”，这可能就是全景画的灵感来源。

近代时期最先创造出全景画的人，是爱尔兰画家罗伯特 · 巴克(Robert Barker)。他发明了一种创作方法，让人们站在一个地点就能欣赏到三维空间(长度、高度、深度)的真实景观。全景画这个词也是他首次提出的,用来描述自己的艺术创作。1787 年，他在伦敦注册了一项全景画专利，列举了全景画的主要特点和创作原则，1788 年，他完成了世界上第一幅全景画《爱丁堡风景》。

这幅作品在当时并不算太成功，只画出了 180° 的半圆，没能实现 360° 全场景。1792 年，他与儿子合作完成了一幅真正的全景画——《伦敦全景》。随后他又绘制了英国人欢庆英法战争胜利的场面。他在伦敦利塞斯特广场旁开设了一个展览馆，展出他绘制的英国乡村和城市风光。为了更好地展示这些画作，他专门设计建造了一座两层高的圆形大厅，在上下两层，可以看到不同的场景。画面沿着大厅墙壁布置成环形的 360°，观众站在大厅中心位置可以环顾四周，随意观赏室内的各处画面。这种创作方式给绘画界带来了一种全新的视觉感受。他展出的全景画引起了轰动，伦敦人倾城而出，参观者每天络绎不绝(图 15-2)。

图15—2 伦敦利塞斯特广场的全景画馆结构图

随后英国的全景画艺术很快在欧美各国流行起来。为了能获得相互关联、气韵贯通、浑然一体的画面关系，画家们除了运用各种绘画技巧，还借助实物道具、模型、灯光、音响与解说等方式，逼真地再现历史上某一特定的场景，创造出使人如临其境的艺术感受。要实现这一目的，还需要许多不可或缺的配套设施，如观众平台、伞形吊棚、音响、电气设施和通风设备等。

此后德国著名建筑师申克尔（Karl Friedrich Schinkel）又提出了兴建永久性全景画馆的建议。一些投资公司看好全景画展出的收入，纷纷投资。画家们不断改进技艺，增强逼真效果。他们将地面塑型、仿真道具等实体景物与画面密切融合，全景画所产生的真实感常常让观众们沉迷其中，成为当时世界上最受观众喜爱的绘画艺术。许多重大历史题材都被相继创作为全景画。《罗马全景》《金字塔战役》《莫斯科大火》《围攻巴黎》《色当城下的激战》《葛底斯堡战役》《亚特兰大战役》《土恩观景》《耶稣受难图》《滑铁卢战役》《波罗金诺战役》《康斯坦丁堡及城郊》《勃尔拜骑兵团》《从尼罗河卡赛桥上看到的开罗》和《莱克列尼斯战役》等一大批全景画作品，都在近代美术史上享有盛名。

在电影技术尚未诞生的时代，这种再现历史情境的方法让人大开眼界。全景画一时风靡整个欧洲。19 世纪前期，欧洲出现了一百多个全景画展览，每个重要城市都有不止一处全景画展览馆。这股风潮很快也传到了美国，不过美国人对欧洲的战争场面不感兴趣，各个城市更热衷描绘周边的美丽风光，那些成功的全景画还会在不同城市移动展出。

海牙的梅斯达赫全景画创作于 19 世纪晚期。当时的全景画创作与展示技术已经至臻完善，即使今天的观众也会倍感惊奇。

从银行家到画家

梅斯达赫全景画的创作者梅斯达赫（Hendrik Willem Mesdag）是海牙画派的一员，以擅长海景画著称（图 15–3）。他是一名险些被显赫家世耽误了的画家。梅斯达赫 1831 年出生在富贵之家，他少年时期就显示出绘画天赋，凭借优越的家庭条件，有机会师从当地名家学习。然而，作为银行家的儿子，他天生就要继承家族的事业。

他 25 岁时娶了银行家的女儿浩特（Sientje van Houten）为妻。浩特热爱艺术，也是一位画家。浩特的父亲去世后，夫妻两人又继承了一大笔遗产。浩特劝说丈夫放弃金融事业，全心投入绘画创作。于是，梅斯达赫 35 岁时成为了一名职业画家。

他在大海和天空中找到了灵感，全心投入海景画的创作。1869 年，他搬到海牙定居，并在海牙附近的席凡宁根海滨租了一个房间，以便随时创作海景画。1870 年，他的作品在巴黎的沙龙展出，获得了金奖。此后，他又在伦敦、费城、里昂、阿姆斯特丹、柏林和佛罗伦萨的画展中多次获奖（图 15–4）。

图15–3 全景画博物馆中的梅斯达赫像

由于财富与绘画双方面的成功，梅斯达赫成为海牙艺术界的领袖之一，经常策划水彩画展。他热衷于购买同时代画家的作品，也许是具有与生俱来的商业天性，他收藏了大量珍贵的绘画，成为一个重要的收藏家。后来，他将所有收藏都捐赠给国家，得到授勋奖励，真可谓是含着银汤勺出生，又功成名就的人生赢家了。

1880 年冬天，比利时的一家公司聘请梅斯达赫制作一幅全景画。他在妻子和 3 名学生的帮助下，于 1881 年夏天完成了这幅巨作。

这幅作品如今就陈列在梅斯达赫全景画博物馆中（图 15–5）。整个博物馆是为绘画量身定做的，画幅高 14 米，长 120 米，围成一个直径 40 米的圆筒！观众先要经过一条黑暗的走廊，然后登上一道螺旋楼梯，才能到达木制观众平台。平台上方有伞形吊棚，很像建在沙丘顶端的木头棚子。巨幅画面上部与吊棚连接，一直垂到地面（图 15–6）。

黑暗的走廊和螺旋楼梯作为序曲，让观众忘记现实，并丧失方向感；登上平台后，上下视线都被遮挡，看不到画面的边缘。

图15—4 梅斯达赫的海景画

除了灯光，全景画上方还有一个观众看不到的巨型天窗，室内灯光混合着自然光线，打在画布上，从画面反射到观众眼中。由于天光随时都在变化，给绘画增添了一种动感，给人一种在窗口观看远方天际线各种景物的错觉。

画中描绘的是19世纪晚期海牙席凡宁根海滩和村野的景色。梅斯达赫和助手们沿着圆形墙壁上的画布，逐一描绘出海滩、帆船、飞鸟、村庄以及远方的城堡等景物。这些景色都是他们在实地用草图记录下来的。回到画室后，他们把透明的草图绘制在画面中心的一个玻璃圆柱上，再放大投影到四周的画布上。每个人负责绘制一种内容，有人专门绘制海洋和天空，有人专门绘制建筑，有人专门绘制人物。画家们精心构图，将在海边看到的景象，转移到巨型画布上。梅斯达赫还将自己的妻子浩特画入图中，作为特别的签名，她在沙滩上撑着阳伞，支起画架，正在描绘眼前的海浪和帆船（图 15—7~ 图 15—11）。

站在观景台上，一望无际的海滩在眼前绵延展开，沙丘、船锚和渔网把观者的视线引向远处的大海和天空，耳畔回荡着风

图15–5 梅斯达赫全景画

图15–6 全景画内部结构

声、海浪声和海鸥的飞鸣。眼前，是真实的沙子铺成的沙滩，沙滩上生长着干枯的水草，散乱纵横着不知谁家孩子丢弃的破旧鞋子，以及倾倒的空酒瓶。沙土和道具布置的沙滩，同画布上虚拟的海滩浑然一体，天衣无缝。

沿着观景台的栏杆四面漫步，远处的景色会随着视野的扩展而变化，高低起伏，辽阔悠远。海滩上有即将出海的船只，骑马行进的部队。回望身后，则可以看到海滨城镇的街道，孩子们嬉戏奔跑，女人们正将床单晾晒在衣架上，远处有火车冒着青烟经过。恍惚中，让人忘记了是在看画，还以为来到了真实的海滨世界。

据说，画家梵高曾经来参观梅斯达赫的全景画，他被画面深深打动，评论说：这幅画只有一个缺点，就是它完美无缺。

幸存的全景画

梅斯达赫全景画是世界上仍在展出的最古老的两幅全景画之一。我们今天还能看到这幅全景画是非常幸运的。因为，19世纪末电影制作技术发明出来之后，人们的好奇心被新兴的电影吸引，全景画日益没落。全景画画幅巨大，一幅画的重量通常达

4 吨以上，被誉为“大型艺术中的恐龙”。随着电影技术的成熟与流行，这种绘画界的恐龙难以生存，很快就消失殆尽了。各国的许多全景画都从吊装架上拆卸下来堆放在仓库里，甚至剪裁成小块。全景画展厅也因为它那环形的结构难以适应其它用途，很多变成了马戏棚、滑冰场、库房和电影院。

海牙的梅斯达赫全景画馆刚建成不久，全景画就不再时兴了，订购这幅画的公司也被迫关闭。幸好梅斯达赫本人非常有钱，他将这幅画买了回来，保持原样在博物馆展出。于是梅斯达赫全景画就成为目前欧洲唯一仍然在原址展出的全景画。如今梅斯达赫全景画仍由他的后人保有。在政府的资助下，这幅全景画得到了很好的维修和保养，仍然如同百年前一样，向世人开放。

全景画博物馆的最主要展品就是这幅梅斯达赫创作的全景画。也就是说，这家博物馆正是为这幅全景画而设立的。与世界上其他展品丰富的博物馆相比，它非常独特，被称为只有一件展品的博物馆。

这幅全景画采用写实的笔法，让人们仿佛身临其境地进入空间之中。随着时间的流逝，如今这幅画又具有了历史价值，除了将观者带到另一重空间，还将我们带到了另一重时间，回到画家所处的时代。如今梅斯达赫取景的席凡宁根的沙丘，已经耸立起

图15–7 全景画细节，郊区马路与工厂（左）

图15–8 全景画细节，看渔夫收网的妇人（右）

图15-9 全景画细节，图中撑白色阳伞者为浩特(上)

图15-10 全景画细节，海边船坞(左下)

图15-11 全景画细节，繁忙的城镇(右下)

一座座高层公寓，画面中低矮的楼房，已经变成海滨酒店，周围耸立着摩天轮和海滨游乐场，狭窄道路上的马车也被奔跑的汽车取代。但登上梅斯达赫全景画的看台，一切现代的变化都还没有发生，人们仿佛又回到了一百年前，沙滩上空旷辽阔，景致如画。

我们在这家博物馆的观景台上逗留了很久。随着室外光线的明暗转换，好像经历了从正午到傍晚，由晴转阴的漫长时光。只见得画面上成群的海鸟已经从远方飞回，我们这些远方的游人也不得不从这里返程了。

后　记

2013年，我有幸获得欧盟伊拉斯谟奖学金（Erasmus Mundus Scholarship）的资助，到荷兰阿姆斯特丹大学访学一年。我所在的机构是交叉学科学院，我与阿大的Esther Quaedackers和Fred Spier两位老师共同开启了一项建筑方面的大历史研究计划。Esther研究中国建筑，我则研究西方建筑，尝试从大历史的视角，展开东西方建筑的比较与对话。大历史是关于世间万物的历史，在欧洲期间，我除了参与国际学生的教学和研讨，大部分时间都在各国考察，从大历史的视角解读西方的建筑和城市。

在这一契机下，我邀请父母来到荷兰与我同游欧洲。我的学术背景是建筑史，属于艺术史的一个分支。大历史提倡打破学科的界限，以更宏大、更包容的眼光认识历史，因此需要关注历史不同侧面的物质与文化。我们的游览计划除了文化遗产地，就是不同门类和主题的博物馆。购物的时间全然没有，吃饭也多是简餐。这种强度颇高的考察，本不适宜与父母同行。幸而他们都是历史专业出身，一家三口的兴趣与爱好颇为一致。他们对行程安排毫无抱怨，反而沉浸其中，甘之如饴。

我们三个历史学家四处漫游，找寻古老欧洲的幻影。欧洲城市素来重视古迹遗产的保存，在各个城市的古老建筑中，很容易找寻到城市最荣光时的模样，然而要想深入而细致地触摸历史的细节，就需要走入各地大大小小的博物馆。

这些博物馆将以往在纸上所了解的历史，一下子拉近到我们眼前。尤其是各种专题博物馆，丰富的展品大大超出了我们知识的界限，馆中每一件奇物的背后，都可能藏着某个科学家或艺术家的奇思妙想，传递出他所处时代的精神。为了弄清这些珍宝的神秘身世，我们在知识的海洋里访古问今，搜寻创造它们的杰出艺术家和能工巧匠的资料，努力发掘和解读展品背后的文化内涵。

我们希望把这些博物馆带给我们的感动记录下来，展示这些博物馆所蕴含的知识和智慧，最终形成了这本小书。在写作过程中，我们常常感到，博物馆仿佛是用物质实体编撰的书籍，讲述着过往世界方方面面的故事。我们所做的则刚好相反，是将这物质所组成的博物馆，用文字的形式呈现出来。

本书的作者刘珊珊主要研究领域是建筑史与园林史，陈洪澜的主要研究领域是知识分类与知识论。同时我们也是一对母女。当初决定合写作这本小书时，我们原本以为可以一挥而就，不料转眼已用去了五年的漫长时光。由于书中涉及的博物馆门类众多，学科庞杂，致使写作过程中常出现意外的阻碍。书中所介绍的对象，我们力求能够拂去蒙在其上的历史尘雾，以显现其真实的意义和价值，不过受水平所限，可能仍会有不少错误之处，敬请读者批评指正。

我们要感谢为本书提供了学术支持和精美图片的许多博物馆的工作人员。写作本书的最后阶段，正值新冠疫情爆发期间。最初，欧洲的朋友纷纷向我们发来问候，谁知短短数月时间，疫情就全球蔓延，各个博物馆闭门谢客。在局势尚未明朗之际，我们相互的通信充满了对未来的担忧与恐惧，为人们失去这些欣赏艺术、获得启迪的机会遗憾与感伤。

由于博物馆关闭，许多博物馆工作人员都是在家上班，但他们仍克服种种困难，为我们及时传来高清的图片，并慷慨赠予我们免费使用的版权。这让我们深深感到，疫病所造成的区隔与撕裂，并不能阻止人类相互帮助，传递爱与希望的本能。从某种意义上说，这同样是值得纪念的人类历史高光时刻。

在这里我们要特别感谢音乐钟与管风琴博物馆（Museum Speelklok）的Vera Keereweer女士、玩具博物馆（Prague Toy Muscum）的Johanna Steiger-Antos女士、荷兰铁路博物馆（ Railway Museum ）的Josephine Faber女士、荷兰国家海事博物馆（The National Maritime Museum）的Marieke Ruytenburg女士、“安妮之家”（Anne Frank House ）的Annemarie Bekker女士、维也纳的皇家餐具博物馆（Imperial Silver Collection）的Eva Kostistansky女士，以及热带博物馆（Tropenmuseum）问询处的工作人员们。感谢他们提供的宝贵建议，以及对我们的鼓励与支持。

就在撰写后记之际，我们悲伤地得知，阿姆斯特丹运河边的手袋与箱包博物馆没有撑过这次疫情危机，刚刚宣告永久关闭。继得知通讯博物馆关闭之后，我们为又失去一个美好的小博物馆而深深遗憾。希望书中的文字和图片，能够为这一逝去的文化景观保存一份纪念。

除了博物馆提供的图片，书中大部分照片为作者拍摄，还有一些展品来不及补拍，因此使用了网上一些朋友的照片。他们的贡献已在图片来源中详细列出，感谢他们慷慨允许作者在本书中使用。

感谢编辑徐希女士专业而严谨的编校工作，以及策划编辑苏勃女士对本书选题和内容所提供的宝贵建议。没有她们的辛勤工作，就没有本书的精彩呈现。

最后还要特别感谢我的父亲河南大学的刘坤太教授，以及我的爱人北京林业大学的黄晓副教授。刘坤太是我们考察团队的一员，黄晓则协助策划了我们的考察路线，他们不仅在旅途中给予我们许多照顾，拍摄了大量精美的图片，而且在本书写作过程中，帮助我们解答了许多有关世界文明、宗教文化和建筑艺术等方面的繁难问题。

本书得到国家青年自然科学基金青年基金项目（51708029）和欧盟伊拉斯谟奖学金（Erasmus Mundus Scholarship）的支持，特此致谢。

刘珊珊

2020 年 3 月 10 日

博物馆信息

1.钢铁时空穿越之旅：荷兰铁路博物馆
英语馆名：Railway Museum (Netherlands)
荷兰语馆名：Het Spoorwegmuseum
地址：Maliebaanstation 16, 3581 XW Utrecht, The Netherlands
网址： https://www.spoorwegmuseum.nl/en/

2.海上马车夫的征途：海事博物馆
英语馆名：The National Maritime Museum
荷兰语馆名：Het Scheepvaartmuseum
地址：Kattenburgerplein 1, 1018 KK Amsterdam, The Netherlands
网址：https://www.hetscheepvaartmuseum.com/chinese

3.丛林中的隐秘历史：热带博物馆
英语馆名：Museum of the Tropics
荷兰语馆名：Tropenmuseum
地址：Linnaeusstraat 2, 1092 CK Amsterdam, The Netherlands
网址： https://www.tropenmuseum.nl/en

4.北境桃源：桑斯安斯风车村
英语馆名：Zaanse Schans Museums
荷兰语馆名：Museumlocaties Zaanse Schans
地址：Zaans Museum, Schansend 7, 1509 AW Zaandam, The Netherlands
网址：https://zaansmuseum.nl/chinese/

5.奏乐！鞠躬！乌得勒支音乐盒博物馆
英语馆名：Museum Speelklok
荷兰语馆名：Museum Speelklok
地址：Steenweg 6, 3511 JP Utrecht, The Netherlands
网址：https://www.museumspeelklok.nl/lang/ch/

6.追随彼得·潘的号角：布拉格玩具博物馆
英语馆名：Toy Museum Prague
捷克语馆名：Muzeu Hraček Rodiny Steigerových
德语馆名：Spielzeugmuseum der Sammlung Familie Steiger
地址：布拉格Jiřská 7/6, 119 00 Praha 1, Hradčany
慕尼黑Marienplatz 15, 80331 München, Deutschland
网址：布拉格 http://www.toymuseumprague.com/en/
慕尼黑http://wwwspielzeugmuseummuenchen.de/en/

7.我需要一个新包包！手袋与箱包博物馆
英语馆名：Museum of Bags and Purses
荷兰语馆名：Tassenmuseum Amsterdam
地址：Herengracht 573, 1017 CD Amsterdam, Netherlands
网址：https://tassenmuseum.nl/en/

8.厨房里的政治：维也纳皇家餐具博物馆
英语馆名：Silver Collection Hofburg Vienna
德语馆名：Die ehemalige Hofsilber und Tafelkammer in Wien
地址：Hofburg, Michaelerkuppel 1010 Wien
网址：https://www.hofburg-wien.at/en/about-the-location/silver-collection/

9.闹市中的艺术花园：巴黎小皇宫
英语馆名：Petit Palais, City of Paris Fine Art Museum
法语馆名：Musée des Beaux-Arts de la Ville de Paris
地址：Avenue Winston-Churchill, 75008 Paris

网址：http://www.petitpalais.paris.fr/en

10.藏在食堂里的名画：米兰《最后的晚餐》
英语馆名：The Cenacolo Vinciano Museum
意大利语馆名：Museo del Cenacolo Vinciano
地址：Via Giuseppe Antonio Sassi, 3 20123 Milano
网址：https://cenacolovinciano.org/en/

11.暗夜照亮画家的脸：伦勃朗故居博物馆
英语馆名：Rembrandt House Museum
荷兰语馆名：Rembrandt Huis
地址：Jodenbreestraat 4, 1011 NK Amsterdam, Netherlands
网址：https://www.rembrandthuis.nl/?lang=en

12.至暗时刻的人性微光：安妮之家
英语馆名：Anne Frank House
荷兰语馆名：Anne Frank Huis
地址：Westermarkt 20, 1016 GV Amsterdam, Netherlands
网址：https://www.annefrank.org/en/

13.海牙监狱"惊魂"记
英语馆名：Prison Gate Museum
荷兰语馆名：Museum De Gevangenpoort
地址：Buitenhof 33, 2513 AH Den Haag, Netherlands
网址：https://www.gevangenpoort.nl/en/homepage

14.永别的通讯博物馆
英语馆名：COMM–Museum for Communication
荷兰语馆名：COMM–Museum voor Communicatie
地址：Zeestraat 82, 2518 AD Den Haag, Netherlands
网址：https://denhaag.beeldengeluid.nl/en/

15.人生赢家的海滨风景：梅斯达赫全景画博物馆
英语馆名：Museum Panorama Mesdag
荷兰语馆名：Panorama Mesdag
地址：Zeestraat 65, 2518 AA Den Haag, Netherlands
网址：https://www.panorama-mesdag.nl/english/

图片来源及索引

图书在版编目（CIP）数据

奇趣景观：小博物馆大历史/刘珊珊，陈洪澜著
. —— 上海：同济大学出版社，2020.8
ISBN 978-7-5608-8955-9

Ⅰ.①奇… Ⅱ.①刘…②陈… Ⅲ.①博物馆－介绍
－欧洲Ⅳ. ①G269.5

中国版本图书馆CIP数据核字(2020)第152536号

奇趣景观：小博物馆大历史

刘珊珊 陈洪澜 著

出 品 人：华春荣
策划编辑：苏 勃
责任编辑：由爱华
执行编辑：徐 希
责任校对：徐春莲
装帧设计：吴博闻
出版发行：同济大学出版社
地 址：上海市四平路1239号 邮编：200092
电 话：021-65985622
经 销：全国新华书店
印 刷：上海安枫印务有限公司
开 本：890mm×1240mm 1/32
印 张：9.125
字 数：245000
版 次：2020年8月第1版 2020年8月第1次印刷
书 号：ISBN 978-7-5608-8955-9
定 价：58.00元